FICHA CATALOGRÁFICA
(Preparada na Editora)

Gagete, Lourdes Carolina, 1942-
G12n   Ninguém foge de si mesmo / Lourdes Carolina Gagete.
Araras, SP, IDE, 1ª edição, 2012.
320 p.
ISBN 978-85-7341-581-0
1. Romance 2. Espiritismo I. Título.

                                                                     CDD -869.935
                                                                                -133.9

Índices para catálogo sistemático

1. Romance: Século 21: Literatura brasileira 869.935
2. Espiritismo 133.9

NINGUÉM FOGE DE SI MESMO

ISBN 978-85-7341-581-0
1ª edição - outubro/2012
4ª reimpressão - novembro/2024

Copyright © 2012,
Instituto de Difusão Espírita - IDE

Conselho Editorial:
Doralice Scanavini Volk
Wilson Frungilo Júnior

Produção e Coordenação:
Jairo Lorenzeti

Capa:
César França de Oliveira

Diagramação:
Maria Isabel Estéfano Rissi

Parceiro de distribuição:
Instituto Beneficente Boa Nova
Fone: (17) 3531-4444
www.boanova.net
boanova@boanova.net

INSTITUTO DE DIFUSÃO ESPÍRITA - IDE
Rua Emílio Ferreira, 177 - Centro
CEP 13600-092 - Araras/SP - Brasil
Fones (19) 3543-2400 e 3541-5215
CNPJ 44.220.101/0001-43
Inscrição Estadual 182.010.405.118
www.ideeditora.com.br
editorial@ideeditora.com.br

Todos os direitos reservados. Nenhuma parte desta publicação pode ser reproduzida, armazenada ou transmitida, total ou parcialmente, por quaisquer métodos ou processos, sem autorização do detentor do copyright.

Ninguém foge de si mesmo

ROMANCE ESPÍRITA
LOURDES CAROLINA GAGETE

Sumário

1 - A morte não separa aqueles que se amam, 9
2 - A viagem, 15
3 - A passageira extravagante, 23
4 - Deixemos os que partiram repousar em paz, 53
5 - Incompreensões trazem desespero, 59
6 - Laços do passado, 65
7 - O dormitório de uma "Dama", 79
8 - Vitória das trevas, 91
9 - O passado falou mais alto, 97
10 - O remorso, 103
11 - Obsessão sutil, 123
12 - Tentando resgatar Cecília, 127
13 - Mediunidade: ferramenta de trabalho, 141
14 - Doença: aviso do corpo, 145
15 - Uma estranha mulher, 161
16 - Reencontro, 175
17 - O amor reergue, 185
18 - Forças trevosas, 195
19 - Trabalho espiritual: arma redentora, 205
20 - Trabalhando no charco, 213
21 - Mais decepções, 227
22 - Duas pretendentes, 239
23 - O resgate frustrado de Cecília, 245
24 - Decisão equivocada, 261
25 - A situação se complica, 269
26 - A desilusão de Flávia, 277
27 - Cecília minimiza a dor alheia, 287
28 - O tênue fio da vida, 301
29 - Inesperado desfecho, 307
    Epílogo, 311

CAPÍTULO UM

A MORTE NÃO SEPARA AQUELES QUE SE AMAM

> *A morte é segmento da eterna vida;*
> *passaporte para outra dimensão.*

ERAM QUASE TRÊS HORAS DA MADRUGADA DE UM DIA DE INVERNO.

Irwing, insone, desistiu de tentar dormir. A viuvez surpreendera-o no momento em que ele mais precisava da companheira, deixando-o aturdido e com três filhos menores.

Poderá existir alguma coisa mais surpreendente do que a imobilidade do coração que havia poucos segundos se agitava nas emoções da vida e que de repente se aquieta? Da boca que falava e de repente emudece? Poderá existir algo mais surpreendente do que a morte?

Irwing se perdia no ato difícil que é viver. Como seria sua vida dali para a frente? Conseguiria ser pai e mãe ao mesmo tempo? *"Oh, Deus, por que me tirastes o chão?"*

Ouviu barulho no quarto dos filhos. Levantou-se.

– Cecília... O que faz acordada? É muito cedo! Não consegue dormir? – e passou as mãos pelos cabelos da filha.

– Não consigo deixar de pensar na mamãe... Em nós. Ela agora está debaixo da terra... Calada... Sozinha... Abafada... Deve estar sentindo frio. Estou com tantas saudades dela, papai... – ia continuar, mas não conseguiu, sufocada pelos soluços incontidos.

Irwing consolou-a. Falou-lhe da necessidade de se adaptarem à nova vida. Na verdade, falava mais a si mesmo. Não se refizera, ainda, do choque que sofrera com a morte repentina de Mércia, sua esposa. Era como se lhe tivessem amputado um braço. Amordaçou a dor no fundo da alma; acariciou demoradamente os cabelos ruivos de Cecília, cobriu Maria Inês e Armando, os filhos amados.

– Volte para a cama, Cecília. Está muito frio.

– Posso dormir na sua cama, pai?

Ele ia dizer não. Era inconveniente criar tal hábito, mas a menina estava tão carente, tão ferida...

– Está bem, mas só hoje. Você já está uma mocinha de quase dezesseis anos. Seu namoradinho, se souber, vai ficar decepcionado. – Riu, para espantar a própria dor.

Depois, acomodou-a em sua cama, no mesmo lugar ocupado tão recentemente por Mércia. Ajeitou seu travesseiro, espalhou sua vasta cabeleira ruiva fazendo como que um sol ao redor do rosto dela. E disse num murmúrio inaudível: *"Cabelos de fogo... fogo do meu inferno."*

Dali a um instante, a garota adormecia. O pai não se deitou ao lado dela. Sentimentos estranhos se lhe agitavam a alma. Ora anjos etéreos cantando hosanas ao Senhor o embalavam, carregando-o para lugares celestes, ora todos os demônios dantescos arrastavam-no por sombrias galerias. Era a luta da alma que tem de se redimir perante a vida. Eram os fantasmas do passado a serem exorcizados. Era seu "eu" interior relembrando anátemas e se debatendo para emergir daquele caos de pensamentos contraditórios... *"Deus, não me deixe fraquejar agora!"*

O suspiro fundo de Cecília fez seu coração bater forte. *"É isto"* – pensou numa angústia cada vez mais crescente – *"É isto! Esta menina não pode ficar aqui, não deve, não deve. Agora que Mércia morreu... Ah, meu Jesus! Mércia, de onde você estiver, continue olhando por nós. Não sei se acredito ou não na sobrevivência da alma, embora eu mesmo seja testemunha disso... Às vezes, não tenho nenhuma dúvida; sei que não poderia ser de outra forma, que Deus não nos teria criado para o aniquilamento total... seria incoerente, e Deus nada faz de incoerente ou injusto... mas de repente, surgem-me tantas dúvidas... Cecília desperta em mim sentimentos tão paradoxais... Tão absurdos... Tão fora de propósito, que creio realmente estar enlouquecendo."*

O pai, angustiado, deixou o quarto e foi para a sala. Surpreendia-se com os pensamentos que lhe vinham à mente e que ele não podia conter. Parecia-lhe que, de repente, por algum mecanismo por ele desconhecido, a porta do inferno fora escancarada e de lá os demônios vinham ter com ele. E por mais que tentasse repudiá-los, mais eles se assanhavam à sua volta. Lembrou-se de orar. Ele próprio não recomendava tal alvitre aos desesperados?

Nos tímpanos espirituais ouviu, de forma nebulosa, aquilo que julgou ser a voz de sua consciência:

"Irwing, meu amigo, não dê espaço para as trevas entrarem novamente em seu coração. Lute. Leve

Cecília para sua cunhada Augustina acabar de criar...
No momento, é o que mais convém, pois o vejo incerto quanto a sublimar seu amor pela menina." – Era a advertência do guia espiritual de Cecília, que podia sondar os pensamentos mais secretos daquele pai angustiado.

"Todos nós temos um dia de enfrentar o passado. E o seu passado chegou ao presente, trazido por um veículo que jamais erra o endereço: um veículo chamado resgates cármicos" – continuou a esclarecer o guia espiritual de Cecília.

Irwing tentou localizar Cecília no seu passado espiritual. Inconscientemente, sabia-se seu devedor. Ainda não lhe fora dado conhecer o drama acontecido há tempos, em uma de suas pretéritas existências, porém, desconfiava de que muito já a fizera sofrer. Chegava, agora, novamente o momento do enfrentamento. E ele se sentia fraco, sem determinação para a retificação. E sozinho na luta. Assim tinha de ser. Erramos sozinhos... Consertamos sozinhos... Vingança do Pai criador? Não! Consequências necessárias para se aprender qual o melhor caminho a seguir. O bom professor não faz a lição do aluno: dá-lhe condições para que ele próprio a faça. Deus é um inigualável professor. Sua lei é inexorável, mas Seu amor é incontestável.

Capítulo Dois

A Viagem

*Nas provações, a lamúria é lastro
que precisa ser removido.*

E DEIXANDO OS FILHOS MARIA INÊS E ARMANDINHO ao cuidados de uma parenta, Irwing e Cecília partiram. Ele estava levando a filha para morar com a tia.

O ruído monótono do motor do ônibus, somado ao estresse das últimas semanas, foi fechando molemente as pálpebras de Cecília. Seus braços arriaram e ficaram dependurados como dois galhos inermes. O rosto queimado de Sol foi-se descontraindo. Irwing, sentado ao seu lado, levantou-lhe os braços como se se tratasse de um objeto sagrado. Cobriu-a com a ponta de sua capa e ficou por instantes contemplando aquele rosto salpicado de pontinhos enferrujados que, longe de enfeá-lo, davam-lhe a graça de um anjo barroco. Não passava de uma criança que ainda brincava com bonecas. No entanto, o sofrimento das últimas semanas amadurecera-lhe o Espírito. E o que não sofreria ela dali para diante? Longe de sua terra... daqueles que a acompanharam na infância... dos irmãos que amava. Longe dele... Quem sofreria mais com aquela ausência? Pai ou filha?

"*Não estarei sendo precipitado ao mandá-la viver com a tia? Uma tia que mal conhece? Mas se ela ficasse...*"

Não ousou dar continuidade àquele pensamento. Agitou a cabeça a fim de afastá-lo. Consultou o relógio. Tinham ainda muitas horas de viagem.

Cecília acordou assustada. Pulou da poltrona, esfregando os olhos.

— Chegamos?

Taciturno, envolvendo-se na capa de lã, o pai apenas balançou negativamente a cabeça. Não tinha vontade de falar e, de tanto pensar, sua cabeça latejava. Era contra sua vontade que se separava daquela filha. "*Custe o que custar serei um bom pai para meus filhos*"

– afirmava a si mesmo. Porém, não podia evitar uma ponta de revolta a se lhe insinuar na equivocada alma. *"Droga de vida!"*

– Pai, você vai me escrever sempre? Diga mais uma vez pra Maria Inês e pro Dinho que eu gosto muito deles. Muito. Muito!

Tencionava falar mais alguma coisa, mas se calou. O nó na garganta se transformaria numa torrente de lágrimas, e ela queria parecer forte. Engoliu com vigor e obrigou o coração a silenciar.

– Cecília, quero que saiba que estou fazendo isso por amor a você. Não quero fazê-la sofrer, e se você ficasse... Não sei se...

– Pai, eu não consigo compreender! Caramba! Talvez não seja tão esperta quanto suponho. Explique-me, por favor! Essas reticências... Não compreendo! Sofrer mais... Por quê? Por que temos de nos separar justo agora que ficamos sozinhos? Sem a mamãe? Que precisamos um do outro?

Irwing esperou um pouco para responder. A emoção, com certeza, lhe embargaria a voz, e ele não queria mostrar-se tão sensibilizado. Depois, disse com energia:

– Por enquanto, quero que saiba que não estou

me descartando de você, que tenho um motivo forte e justo, que faço isso para sua felicidade.

– Você repete esse motivo forte e justo, mas não me diz que motivo é esse, meu pai! Na verdade, acho que o que quer é se livrar de mim. Quer viver sua solteirice agora que mamãe se foi, não é? Por quê? Por que quer achar motivos para me afastar? Não vou interferir em sua vida, juro!

Irwing lembrou-se de que os estudos poderiam ser os motivos exigidos; não o real motivo, pois que este, sequer para si próprio ousava admitir na sua plenitude. Vislumbrava-o por conta do desconforto do remorso e logo o fazia submergir novamente para os escaninhos da alma.

– Não é verdade que quero me livrar de você! Que ideia absurda, Cecília! Seus estudos... Eu não posso pagá-los. Sua tia Augustina é rica, sozinha com o marido. Ela mesma se dispôs a isso. Não quer estudar? Ser alguém na vida?

Antes que Cecília dissesse mais alguma coisa, afundou-se na poltrona pretextando dor de cabeça. Como poderia dizer a ela o que lhe macerava a alma? O que abominava e amava? O que era agonia e prazer, guerra e paz?

A menina acomodou-se novamente no seu lugar,

cruzou os braços e deixou seu olhar perdido na verdura do campo. Tudo passava correndo: rios, árvores, animais... Olhou para o pai. Ele continuava imóvel, absorto, olhando o nada, enrolando a ponta do bigode fino. Um boi, a algumas centenas de metros adiante, atravessava a rodovia.

Com a diminuição brusca da velocidade, Cecília bateu o rosto no banco da frente. Deu um grito de susto e dor. O pai socorreu-a, sem dizer palavra. Uma senhora reclamou sobre tal descuido, da falta de respeito para com os passageiros. Prometeu que reclamaria ao órgão competente. Depois, disse que, se tivesse gelo, faria uma boa compressa para aplicar sobre o "galo" que havia-se formado na testa da menina.

– Nada. Ela já está acostumada. Vive de galos na cabeça. – E aproveitou o pretexto para iniciar uma conversa com a tal senhora. Riu, contou "causos". Nem parecia ser o mesmo casmurro de poucos segundos atrás. Aquela presença feminina, ainda que não fosse seu tipo, destravara-lhe a língua. *"Perdoe-me, Mércia querida, por essa traição."*

Cecília não estranhou a atitude do pai. Era aquele, o seu jeito. Com a mesma desenvoltura com que descia aos infernos, ascendia aos céus. Vezes sem conta surpreendera-se com os repentes dele: Dos carinhos, às palavras rudes; do sorriso, à carranca; da euforia à tristeza não levava mais que uma fração de segundo. Às vezes, na sua infância, conversavam, riam... Ele a pegava no colo, dizia que seu cabelo ruivo estava horrível, embaraçado, e que ele era um famoso cabeleireiro e iria penteá-la. Então, metia os dedos longos naquela montanha afogueada e ia desembaraçando devagarzinho, com enlevo, falando ao seu ouvido: *"Cabelos de fogo... Fogo do meu inferno."* Ela nem ligava para a dor que então sentia. Aquela não era uma dor que maltratava, mas uma dor-prazer que ela não sabia explicar. De repente, sem nenhuma explicação, ele a colocava no chão quase com brutalidade; fechava a cara, zangava-se. Expulsava-a dali. Ela ia chorar no quarto. Sua mãe a consolava e tentava lhe explicar o procedimento do pai.

Sua mãe... A essa lembrança, um remoinho de recordações fez seu coração bater, precípite, levando para longe as esperanças que começavam a germinar. Esperança em um futuro bom, em uma vida melhor do que aquela que abandonava malgrado sua vontade.

Sua mãe... Ficara lá sob a terra. De mãos frias, rijas, dentro de um caixão roxo... As flores do campo rodeavam seu corpo hirto que nunca mais caminharia pela casa guardando os brinquedos que ela e os irmãos deixavam espalhados. Nunca mais a chamaria de minha ruivinha sapeca. E o canto das rezadeiras?

Monótono, dolente, incansável... haveria de persegui-la dali por diante como fantasmas errantes: réquiem à sua morta querida.

    Durante o velório, ela não tirara os olhos da mãe. Parecia-lhe um pesadelo cruel. Não! A mãe não podia estar morta! Com certeza, logo acordaria e tudo teria um fim. Estava sendo vítima de alguma quimera, alguma ilusão de sua mente. Mas o tempo passava... O fechamento do caixão... Jamais conhecera dor maior. Jamais! Seu choro contido e discreto de até então transformava-se, agora, em uivos de dor. O sepultamento... Sua alma quisera também abandonar o invólucro de carne que a subjugava e seguir a mãe naquela viagem desconhecida. No entanto, não havia mais nada a fazer. Estava tudo terminado... E seu coração rasgou-se em mil pedaços.

    Cecília passou a mão pela testa. O hematoma incomodava. Sentia uma dor fina como que um gemido da alma, que confrangia todo o seu ser, amargava a saliva na boca e a fazia inerme, Indolente, indiferente.

Capítulo Três

A Passageira Extravagante

*Palavras vazias de amor
não alimentam a alma.*

O ÔNIBUS HAVIA PARADO NA RODOVIÁRIA DE UMA cidade, para o embarque de alguns passageiros. Um menino que vendia biscoitos entrou no ônibus e olhou admirado para Cecília, dizendo:

– Moça... por que seu cabelo é vermelho?

No mesmo instante, uma mulher simpática, excessivamente pintada, saia curtíssima, botas de cano alto e pulseiras barulhentas, embarcou e cumprimentou efusivamente pai e filha. Sentou-se e cruzou as pernas com vulgaridade. Sorriu e puxou conversa com a menina.

– Oi! Que galo é esse?

– Nada. *"Que intrometida!"*

– E **nada** faz galo?

– É que o ônibus freou bruscamente... – respondeu com má vontade.

Irwing tirou os óculos que usava, guardou o jornal e desdobrou-se em gentilezas para com a recém-chegada, uma velha conhecida.

Cecília suspirou fundo. Não tinha vontade nenhuma de conversar. Ficou só olhando, curiosa, aquela estranha figura que cada vez que falava agitava os braços fazendo tilintar os aros de prata do pulso. Lembrou-se das vacas-guias da fazenda do avô, com seus cincerros dependurados no pescoço. Tirou o Pollyana Moça de sua bolsa e tentou lê-lo. Qual! Seu pensamento fugia a todo instante. *"Está morta." "Infarto do miocárdio." "Deixou três filhos..." "Cabelos de fogo... fogo do meu inferno..." "É por amor que você vai embora."*

Fechou o livro. O ônibus partiu mansamente. Dali a pouco já deixava para trás a pequena rodoviária cheia de gente. Gente que carregava suas malas, seus sonhos, suas ilusões, alegrias e dores.

O pai e a mulher continuavam conversando. A outra, preterida pela nova passageira, os olhava com rancor e com despeito. Piscou para Cecília, chamando-a. A menina não sabia se obedecia ou não, se fingia que não estava entendendo ou se virava o rosto em desagrado. Por fim, fez um sinal negativo com a cabeça. Não estava disposta a conversar e nem simpatizara com ela. Desenxabida, a pobre mulher fez um muxoxo e virou o rosto para o outro lado.

Cecília queria ficar em paz em sua dor. Não era problema de ninguém, e que ninguém metesse o bedelho onde não fora chamado. O ônibus atravessava, agora, uma grande ponte sobre um rio. Ela colou o nariz no vidro da janela, contemplando o abismo lá embaixo, as águas que corriam mansas, que escondiam nas suas profundezas perigos insuspeitos. A cortina de lágrimas também descia silenciosa e morna. Ia fazendo cócegas no seu pescoço, caindo na blusa vermelha. O vermelho se tingia de pequenas manchas escuras. Os soluços, que não mais podia conter, sacudiam seu peito. E ninguém viu. E ninguém se incomodou. E ninguém soube que naquela menina pulsava um coração já envelhecido.

Finalmente, o ônibus chegou ao seu destino. Os passageiros, apressados, excitados, agarrados às malas, traziam no rosto a marca do cansaço.

Irwing fez um sinal à filha, pegaram seus pertences e desceram sem pressa, como se o tempo lhes fosse indiferente. A mulher das pulseiras barulhentas foi uma das primeiras a descer, depois de cochichar com Irwing.

Caía uma garoa fina. Fazia frio em São Paulo. Pessoas passavam esfregando as mãos, encapotadas, expelindo pela boca e narinas o ar que se condensava. Era como se estivessem todas pegando fogo. Num canto da rodoviária, um homem roncava, enrolado em um cobertor encardido. Do seu lado, uma lata com restos de comida, um pão velho e uma garrafa de cachaça, vazia.

Irwing disse à filha que se ausentaria por alguns minutos. Fez um carinho em suas bochechas vermelhas, pôs as malas a seus pés e recomendou que ficasse esperta, que São Paulo era perigosa, que tinha ladrões, bêbados, moleques de rua viciados, sequestradores, etc., etc.

– Você vai demorar? Estou com medo.

– Bobinha, eu exagerei um pouco. Já volto. Um pé lá e outro cá.

E saiu no seu passo comprido e duro. Cecília ia protestar. Não queria ficar ali sozinha perto de um homem estranho que roncava e babava, mas o pai já ia longe.

– Olá! – ouviu de repente.

A menina ficou paralisada no primeiro momento. O coração bateu forte. Com alívio, reconheceu a mulher que viajara no mesmo ônibus, a que fora preterida pelo pai.

– Que está fazendo aí sozinha, meu bem? E seu pai? – Olhou para os lados, tentando localizá-lo. *"Que pai irresponsável, esse!"*

– Estou esperando por ele.

– Aonde ele foi? Imagine! Que falta de juízo! Com tantos estranhos...

– Não sei aonde ele foi. Disse-me que esperasse aqui. Já, já ele volta.

A mulher acentuou a careta de desaprovação:

– E sua mãe?

– Morreu.

– Ahn... Que judiação! E você ficou sozinha? Quer dizer, só com seu pai?

Cecília estava nervosa. Que tinha aquela abelhuda de se meter em sua vida? Por que aquele interrogatório todo?

— Ficou só com seu pai? — insistiu.

— Não, senhora. Tenho mais irmãos.

— E cadê eles?

— Ficaram em casa.

— Você e seu pai estão indo... Aonde?

— Estou indo morar na casa de uma tia materna. "Espero que o pai volte logo, estou morrendo de frio e fome."

Cecília, embora não tivesse vontade nenhuma de falar, ficou quase satisfeita pela companhia inesperada, pela tagarelice da mulher que, afinal, não a deixava ali sozinha. Esforçou-se para se mostrar mais amiga.

— Faz tempo que sua mãe morreu? — perguntou, afetuosa, ajeitando-lhe o cabelo.

Cecília lembrou um diálogo que ouvira havia bem pouco tempo. Foi durante o velório de uma conhecida de sua mãe. Um homem afirmou que a dor, a infelicidade, a desgraça alheia amolecem as pessoas, deixando-as mais fraternas. Depois, ele mesmo se interrogou: "Será por solidariedade mesmo, ou são gratas porque tais desventuras atingiram a outrem e não a elas próprias?" "Antes ela do que eu" — E continuou: "Se a boa sorte alheia traz inveja para muita gente, a dor alheia é-lhes uma espécie de compensação porque atingiu a outrem. Então, se mostram caridosos e compreensivos. É o máximo que podem fazer e agradecem à infelicidade por ter batido em outra porta e não na sua."

A mulher acariciava-a.

Cecília não gostou daquela intimidade e afastou a cabeça. Ela não se deu por achada e tornou a perguntar:

— Quanto tempo faz que sua mãe morreu? E do que ela morreu?

A menina queria que a mulher calasse a boca. Que importava sua vida e sua tristeza para ela? Acaso poderia mudar os fatos? Poderia fazer parar aquela dor fina e persistente? Poderia trazer sua mãe de volta? Não! Então, que lhe desse o beneplácito do silêncio.

Foi com má vontade que respondeu:

— Faz algumas semanas. Teve infarto do miocárdio.

E, antes que novas perguntas viessem, mudou de assunto, falando sobre o frio, sobre São Paulo, se ela morava ali... Era o único jeito: sabatinar para não ser sabatinada.

— Eu não moro aqui, não! Deus me livre! Isto aqui é uma coisa de doido! Só vim visitar uns parentes. Já telefonei e eles estão chegando.

E sem esperar resposta, continuou sua arenga:

— Bem sei que conselho só se dá a quem pede, mas olhe, menina, viu como seu pai ficou assanhado com aquela dona? A das pulseiras?

Cecília estranhou aquela conversa. Já nem se lembrava mais da mulher espalhafatosa que prendera a atenção do pai durante a viagem. Olhou, interrogativa, para sua interlocutora:

— Por que me diz isso?

— Sei o que digo. Sou escolada, menina! Conheço piranha de longe...

— Piranha? *"Por que ela está falando de peixe?"*

— Aquilo não é gente que preste, minha filha. Você é ainda muito novinha. Mas viu como seu pai, que conversava decentemente comigo, porque eu sou uma mulher decente, logo se derreou pro lado daquela sirigaita?

Cecília não compreendia aonde a mulher queria chegar. *"Começou a falar de peixe e agora voltou a falar daquela mulher?"*

— É bom você ficar sabendo... — parou no meio, olhando para os lados.

— Sabendo o quê?

— Aquela mulher é uma... Uma... Desavergonhada. Uma lambisgoia. Da vida, entende? É bem capaz que seu pai a deixou aqui pra ir atrás dela... Essas mulheres sabem enredar os homens.

Cecília ficou chocada e furiosa. Que tinha aquela desconhecida e fuxiqueira a ver com ela? Com o pai? Era da conta dela?

— Meu pai não me deixou aqui sozinha para ir atrás daquela mulher. Ele foi ao sanitário — mentiu.

E fechou a cara, dando-lhe as costas. *"Insolente!"* Ficou aliviada quando a mulher se foi. Era melhor a companhia do bêbado. Pelo menos, ele estava calado. E o pai, onde estava? Suas pernas formigavam. Seu estômago roncava de fome, seus pés pareciam anestesiados e ela quase já não os sentia. Abotoou a blusa de lã até o último botão, assoprou as mãos geladas. Não sabia o que era pior: se o frio úmido que lhe tremia as carnes ou se o desconforto da fome, do medo, da angústia. *"E o irresponsável do meu pai? Aonde andará? Terá mesmo ido atrás daquela mulher?"*

Sentou-se no chão frio. Seria bom que pegasse uma pneumonia e morresse ali mesmo e que o pai, ao regressar, a encontrasse morta; que ele chorasse muito enquanto acariciasse seus cabelos ruivos cor de fogo...
— pensava Cecília, já satisfeita por fazer o pai sofrer.

O frio do chão era dolorido. Só não era mais dolorido do que o frio da alma. Ela sentiu inveja do mendigo que ressonava escandalosamente, enrolado no cobertor imundo, exalando um cheiro forte de urina. Sentou-se sobre a mala. Encostou as costas na parede gelada e adormeceu.

O pai chegou quase uma hora depois. De bom humor.

– Acorde, dorminhoca! Vamos!

– Pai, aonde o senhor foi?

– Por aí. Telefonei para a casa de sua tia. Ela não está. Estão viajando, me informou uma empregada.

– E agora? O que vamos fazer?

– Sei lá. Depois a gente resolve. Um carro está vindo nos buscar. Sossegue. Está com frio? Quer colocar minha capa?

Cecília não respondeu.

– Pai, me leve de volta. Não quero morar aqui... Com uma tia que nem conheço direito... Já estou com saudades de casa.

Levá-la de volta era o que ele mais queria, admitia agora. Mas não era o melhor para ela. *"Ah! Cabelos de fogo... Fogo do meu inferno... Você acabaria me odian-*

do... *Eu próprio me odiaria. Eu conheceria a ventura do céu, depois me precipitaria no fogo do inferno!"* A esse pensamento, persignou-se.

Um vento carregou a garoa fina rodoviária adentro.

As poucas pessoas que ainda estavam ali recuaram, franzindo o rosto, fumegando quais excêntricos dragões, enrolando-se nos seus agasalhos.

Irwing abriu o jornal, mas as letras dançavam para seus olhos cansados.

Era quase meia-noite. Cecília não disse mais nada. Sabia que a decisão do pai era definitiva. Começou a pensar nos porquês do pai, a olhá-lo de modo mais adulto, mais mulher. Será que aquelas últimas semanas de sofrimento mudaram alguma coisa dentro dela? Será que crescer era aquilo? Ter mil perguntas e nenhuma resposta? – pensou.

Pela primeira vez, notava a visível – se não chocante – diferença física que existia entre eles. Ela era ruiva, tinha sardas, pele delicada como a de um bebê. Olhos cor de melado em ponto de fio. Seu pai, sua mãe, seus irmãos eram todos morenos, de olhos pretos como noite sem Lua. Lembrou-se das brigas com os irmãos, quando eles a chamavam de aguada, de branquela, que ela tinha tomado Sol de peneira... Quantas vezes batia com raiva na irmã mais nova, quando esta comparava, presunçosa, sua pele de jambo, seus cabelos negros, à pele branca dela, aos seus cabelos cor de fogo. Lembrou-se com saudade da mãe, que sempre vinha em sua defesa dizendo que sua pele, seus olhos, seus cabelos eram lindos como os de um anjo!

O pai somente olhava, nunca interferia. Quando ela, chorando, procurava sua proteção, ele a suspendia nos braços, com meiguice. Ficava absorto com ela no colo, dedos enroscando-se pela vasta cabeleira, fazendo doer. Era um acarinhar selvagem, dolorido, que ela aguentava sem reclamar, porque lhe fazia bem, alimentava-lhe a alma carente.

Cecília sentiu um baque no coração. Por que só ela era ruiva? Por que só ela tinha cabelos de fogo? E por que só agora se incomodava com isso?

As lembranças foram-se atropelando, nebulosas, indecisas a princípio. Diálogos longínquos, retalhados, foram-se encaixando no contexto... Na enigmática redação de sua vida: "Então, comadre, como vai a ruivinha? Olhe, se a mãe natural quiser de volta..." "Não... A mãe e o pai morreram... Cuidado, fale baixo, ninguém sabe... Ela é como se fosse nossa filha legítima. Nós a amamos e nem nos lembramos de que é adotiva..."

Uma única vez, ao ouvir alguns fragmentos daqueles comentários, ela perguntara à mãe o que, exatamente, a vizinha queria dizer com aquilo.

"Eles estão comentando sobre um caso que aconteceu. Uma criança que a família Souza pegou pra criar. Não ligue, minha filha. Não diz respeito a nós."

Ela se satisfizera com a resposta. Nunca mesmo lhe passara pela cabeça que poderia ser filha adotiva. Todos a amavam e ela era a preferida do pai.

Cecília sentiu um nó na garganta à avalanche de recordações palidamente impressas na memória. Endureceu as feições e perguntou ríspida ao pai:

— Por que nunca me contaram que sou filha adotiva?

Irwing ergueu os olhos do jornal. Assustado, pela primeira vez não soube o que dizer. Contar a verdade? Continuar mentindo? Cecília aproximou-se, segurou seu braço com força, quase com fúria.

— Pai, de qualquer forma, eu os amo muito. Amo mamãe, que se foi, amo meus irmãos, amo você, mas quero saber a verdade.

— Menina, pra que isso agora? Quem andou enchendo sua cabeça de caraminholas?

– Ninguém. Só agora compreendi. Não me subestime, pai; não poderá continuar me escondendo a verdade. Não tem esse direito!

Uma figura diáfana, Agnes, o guia espiritual de Cecília, ouvia a conversa. Ultimamente, não descuidava um só segundo de sua protegida, pois lera os pensamentos libidinosos do pai adotivo em relação a ela. Sempre que Irwing dava vazão a tais pensamentos, ela o envolvia e lhe lembrava a abençoada missão dos pais, suas responsabilidades, o respeito, quer fossem eles pais adotivos ou biológicos. Fora dela a ideia de mandar Cecília para junto da tia. Felizmente, Irwing não era mau-caráter e sempre lutava contra tais absurdos. E resolveu revelar tudo:

– Filha, o que sei não é muito. Eu e sua mãe mal iniciávamos nossa vida de casados, quando um dia apareceu em casa uma mulher. Trazia um lindo bebê ruivo nos braços. Você. Apaixonamo-nos imediatamente. A mulher, sua mãe biológica, estava muito doente, no fim da vida. Pediu-nos que aceitássemos você como nossa filha. Ela era sozinha e temia morrer a qualquer momento e deixar você desamparada.

– Minha mãe biológica era ruiva?

– Não. Ela disse que seu pai fora um homem ruivo e alto, de olhos cor de melado, que toda a família do lado paterno era ruiva. Contou que ele morreu bem antes de você nascer.

– Mas lembro-me de que tia Augustina também é ruiva...

– Não por fatores genéticos e, sim, graças à tintura. Ela sempre achou seus cabelos incomparáveis e não tardou a tingir os dela. – sorrindo, alisou os cabelos afogueados de Cecília.

– Que tola que fui! Vocês sempre me disseram que eu havia puxado minha tia. E minha mãe biológica? Morreu mesmo?

– Há muito tempo. Você ainda não tinha um ano. Não quero que você pense que a amo menos por isso. Não há diferença entre você, Maria Inês e Armandinho.

Irwing tinha os olhos cheios de lágrimas. Gostaria tanto de poder dizer mais... Abrir seu coração, sair do inferno que lhe azedava a vida. Cecília se aproximou dele. Abraçou-o. Disse que o amava como a um verdadeiro pai.

– Também a amo... – Não conseguiu dizer mais nada. As lágrimas ameaçavam romper o dique.

Aquela proximidade, os cabelos da menina roçando-lhe o rosto, seu cheiro de mulher, acentuado pela transpiração, despertaram nele pensamentos libidinosos. Pensamentos que ele, malgrado sua vontade, sentia. Quis afastá-la e estreitou-a ainda mais. Quis pensar nela como pensava em Maria Inês e em Armandinho, os filhos biológicos, mas pensou nela como mulher... Agora, que já lhe revelara tudo, sentia-se mais leve, mais atrevido, mas Agnes se aproximou censurando-lhe o procedimento. Imediatamente ele sentiu um desconforto enorme e se encolheu qual caramujo na concha.

Cecília, assustada, soltou-se daquele abraço. Pareceu-lhe, pela primeira vez, que cometia um crime. Fechou os olhos. Reviveu aquele abraço bom e carinhoso. Aspirou profundamente o perfume almiscarado que o pai deixara nela, e toda ela tremeu, e dos olhos fechados desceram lágrimas quentes.

Era o passado distante que lhe atormentava a alma. Outra existência na eterna vida. Mas não compreendia. Não podia compreender que o envolvimento que tivera com Irwing no passado, então seu amante, exigia reparação, sublimação. Muita areia havia passado pela ampulheta do tempo, mas as promissórias ainda estavam por quitar.

— Cecília — alguém lhe sussurrou ao ouvido.

Ela abriu rapidamente os olhos, mas não viu ninguém. Estranhou. Agnes era o Espírito que lhe solicitava a atenção. Afagou-a, com delicadeza e, num esforço para ser ouvida, disse com energia:

– Cecília, não caias novamente no mesmo erro. Irwing já te levou uma vez ao suicídio. Desperta um pouco sua memória espiritual. Lembras-te? Faz muito tempo. Ele era João Pedro, o filho do seu patrão... a quem tu amaste com total desequilíbrio... Lembra que fora tu mesma quem desencadeaste os tormentos que ora te atingem. Irwing, João Pedro naquela reencarnação, não foi tão culpado quanto tu mesma, uma vez que teria te desposado não fosse a interferência dos pais dele. Lembra, menina... o trem que te tirou a vida... o sofrimento no umbral... os charcos onde estiveste durante tanto tempo..."

Cecília sentiu um calafrio percorrer-lhe o corpo. A alma estivera tanto tempo adormecida, que seu despertar era-lhe doloroso. E apenas uma fresta lhe fora aberta... Uma pequenina fresta!

Irwing consultou o relógio. Um vinco de tristeza no rosto. De alguma forma, também ele teve acesso ao seu "porão" mental, deixando escapar de lá as feras semiadormecidas.

Cecília, em saindo do estranho torpor, olhou-o, constrangida. Quis agradecer-lhe por tudo o que ele fizera por ela até ali, abraçá-lo mais uma vez, passar as mãos naquela barba áspera que despontava, mas um sentimento estranho, novo, a impedia. Tais carinhos, agora, lhe pareciam pecaminosos... Incestuosos. E qual náufrago que vê a única tábua de salvação espatifar-se contra o rochedo, cambaleou e desfaleceu.

Todos os olhares convergiram para o pequeno fardo que despencara.

Irwing correu em seu auxílio. Depois de alguns minutos, ela voltou a si. O pai ainda continuou a friccionar-lhe os pulsos. Alguém lhe deu algo para beber. Levou algum tempo para ela tomar inteira consciência do que se passava. Uma coisa, porém, jamais esqueceria: sua alma, naqueles poucos minutos, havia adquirido a madureza. *"Não sei o que a vida quer de mim, mas juro que não me esconderei atrás da porta."*

– Deixem-na respirar, por favor! Acabou o cinema – falou o pai.

Foi retirada do círculo humano que se formara ao seu redor e que a asfixiava. Aos poucos, os olhos curiosos e indagadores que a fitavam transformavam-se tão somente em flashes desagradáveis. O pai se lembrou de que o desmaio poderia ter sido causado pelo jejum, pois a pequena não havia tocado no seu lanche.

Depois de algum tempo, Irwing, lembrando-se de algo, deixou a menina sob os cuidados de uma senhora e correu para a rua.

– Arre, homem! Onde você se meteu que não o encontrei no lugar combinado? Já estava quase indo embora...

– Desculpe-me, Flávia. Minha filha teve um desmaio e eu me esqueci completamente de você. Foi uma correria.

– A pobrezinha! Onde ela está?

– Deixei-a com uma senhora. Vamos.

Flávia era, nada mais, nada menos do que a espalhafatosa passageira. Fora até sua casa buscar o carro, conforme o combinado com Irwing, e agora beijava Cecília como se fossem velhas conhecidas. *"Por que aquela mulher estava ali? Que tinha ela a ver com seu pai?"*

– Vamos. Esta garota precisa descansar e se alimentar.

– Mas... – gaguejou Cecília.

– Vamos, minha filha. Flávia é uma boa amiga. É uma velha conhecida minha e vai nos hospedar em sua casa enquanto sua tia estiver viajando. Você vai gostar dela, vai ver.

Cecília acomodou-se no banco detrás e tentou relaxar. A cabeça doía. Inconscientemente, acompanhava os movimentos do pai e o que ele conversava com Flávia. Fechou os olhos e fingiu que dormia. Irwing a chamou baixinho. Ela ouviu, mas não respondeu. Não queria conversar, não queria pensar, não queria viver. Engolia os soluços, mansamente. Queria exaurir-se em sua dor; não se reconhecia mais a mesma menina inocente de minutos antes. Alguma coisa despertara e lhe causava rebuliço. Ela abrira, sem querer, a porta dos fundos da alma e por ali entraram sensações novas. Estranhas. Libidinosas. E ela estremecia a todo instante. Mas havia decidido a não se esconder atrás da porta...

– Pobrezinha. Adormeceu.

– Esta sua filha é um bocado bonita, meu caro. É um belo tipo exótico. Cuidado! O que não falta aqui é conquistador barato.

– Não queria deixá-la aqui, mas não tenho outra saída. Eu não poderia custear seus estudos... A tia é rica e se ofereceu para fazê-lo.

Flávia nada disse. Não tirava os olhos do trânsito. Depois de alguns minutos, falou:

– O que você pretende fazer da vida, meu caro Irwing?

Ele nada respondeu. Riu. Olhou para trás. Cecília percebeu que o pai estava acariciando Flávia. A mulher censurava-o sem nenhuma convicção. Dava risinhos e falava baixinho: – "Olha que posso bater o carro, vamos, pare com isso..." – Cecília tossiu, remexeu-se no banco. Estava encabulada. Tinha vontade de xingar Flávia; de contar, só para fazê-la sofrer, o que a mulher falara dela, de lhe dizer que ela lembrava uma vaca-guia da fazenda de seu avô, com suas pulseiras barulhentas. Teve vontade de chorar, gritar, bater no pai.

A garoa persistia, embaçando o vidro do carro. Cecília lembrou-se do namoradinho que ficara distante, junto às suas mais caras lembranças. Suspirou. Agitou-se no banco, exausta, quase feliz. Era seu momento de armistício. O estômago avisou-a de que estava vazio, e pensou em como é contraditória a vida. Em como ela gosta de brincar com as criaturas! Enquanto a alma, sequiosa de paz, de esquecimento, se refugiava quase covardemente, o corpo se impunha vigoroso, lembrando que a vida tinha de continuar, malgrado seu sofrimento.

Os pensamentos dela novamente buscaram o namorado que ficara, mas ela sentiu remorsos por aqueles momentos de prazer. Como podia usufruílos enquanto sua pobre mãe, dedos entrelaçados, rijos, olhos para sempre fechados, repousava dentro de um caixão roxo sob a terra fria? E, novamente, pensou que o aniquilamento da vida fosse o melhor caminho. Morrer. Acabar com tudo. Desafiar o destino. Mas não! Seu corpo jovem e saudável saberia subjugar a alma medrosa que gostava de se esconder atrás da porta.

Nossos equívocos, quanto mais forem repetidos, mais raízes criam dentro de nós e mais fortalecidos ficam. Os condicionamentos... O caminho já uma vez percorrido nos leva quase sempre a palmilhá-los novamente. O antigo suicida verá sempre o suicídio como válvula de escape. Já fugiu por ali alguma ou algumas vezes, então... O caminho está delineado em sua mente perispiritual. Há que se romper o círculo, caso contrário, se repetirá o mesmo erro.

Embora o parto de dor pela consciência plena que tivera ao sentir que a menina inocente de ontem já não existia, ela voltou a acariciar a ideia de fuga, a buscar uma solução que a livrasse dos sofrimentos. Talvez o suicídio...

– Cecília – ouviu novamente. Agora não fora impressão. Ela ouvira mesmo alguém chamá-la. Olhou dos lados. O carro continuava dobrando esquinas e mais esquinas. O pai se esquecera dela, preocupado em causar boa impressão à amiga.

Confusa, ela aguçou os ouvidos. Sentiu que alguém estava do seu lado no banco. Era uma criatura diáfana... Etérea. Não teve nenhum medo. Já lera sobre Espíritos e sabia que eles só fazem o mal quando são trevosos... E aquele que ali estava era da luz. Causava-lhe uma sensação muito grande de paz, de aconchego. Como se toda sua amargura fosse neutralizada por aquele ser. E, sem saber se estava, ou não, sonhando, iniciou uma conversação mental com aquela criatura que lhe parecia tão sublime e amiga. Na verdade, sem compreender como aquilo era possível, comunicavam-se através do pensamento.

– Estou ouvindo... quem é você? – perguntou, em pensamento, a menina.

– Sou Agnes, teu anjo da guarda e também grande amiga de tua mãe.

– Minha mãe! Minha mãe... ela está bem? Não está com frio? É que ela estava tão gelada... tão ausente... as flores não a agasalhavam...

– Ela está bem. Ainda não acordou de todo, mas fica tranquila... Ela não tem frio. Está repousando em um quarto de paredes verdes, muito bonito. Tem na sua janela um cortinado branco, e o cheiro das rosas amarelas, plantadas ali perto, perfuma seu quarto. Ela fala teu nome e o de teus irmãos, constantemente. Ainda não sabe que já fez a viagem de volta.

— Ainda não sabe... o quê?

— Que seu corpo carnal morreu, que ela agora pertence ao mundo dos Espíritos.

— E por que não contam que ela já morreu?

— Porque ainda não é hora. Tudo tem seu tempo, Cecília. No momento é bom que ela continue repousando... E depois... quem te falou que ela morreu?

— Não morreu? Mas eu a vi morta! Ela estava fria... endurecida... fiquei com muita pena... chorei muito.

— Não há morte, minha menina. Não morte do Espírito. O que morre é o corpo material. Nós todos, originalmente, somos Espíritos e não corpo material. A encarnação é um acidente de percurso, uma necessidade imposta pela evolução...

— Não entendo muito bem como pode ser isso...

— Não te preocupes. É normal que não possas entender, ainda.

— Fico muito feliz por saber que mamãe está bem, que não tem frio...

— Agora, que estás mais tranquila, presta atenção no que vou te dizer.

Cecília sossegou a mente agitada. E o Espírito continuou a lhe falar:

— Minha menina, grandes provações te esperam. Mas, aconteça o que acontecer, nunca te revoltes contra Deus. Ele não tem culpa dos nossos desatinos. Pensa muitas vezes antes de reincidir no erro que te tem atrasado a marcha para a glória do Pai.

— Não estou entendendo... reincidir no erro que eu tenho cometido? Que erro? Não me lembro de nenhum erro. Se se refere aos beijos que troquei com meu namorado... peço perdão... não sabia que era pecado.

— Não, Cecília. Não estou me referindo a esses beijos inocentes. Isso não é pecado... Tranquiliza-te. Estou me referindo a coisas bem mais graves, coisas que não ousaria te contar não fosse a atual situação.

— Você pode ser mais clara?

— Está chegando a hora do teu grande teste. Agora, de nada te lembras, mas já cometeste o suicídio em outra existência. Vejo que estás propensa a cometê-lo novamente. Isso te trará prejuízos de grande monta, asseguro-te.

Cecília sentiu um tremor percorrer-lhe o corpo. O Espírito pôs a mão direita em sua cabeça e lhe aplicou recursos magnéticos. E Agnes fez-lhe sucinto relato:

– 1929. Um domingo. Tu te chamavas Nayla. Eras muito bonita e sabias disso. A casa onde moravas era grande, muito rica, e teus patrões eram pessoas bondosas, porém orgulhosas da posição social que ocupavam. Faziam de tudo para que tu te sentisses feliz, ali, pois tinham apenas um filho, João Pedro, e sempre desejaram ter uma filha.

Desde o primeiro momento em que puseste os olhos em João Pedro, sentiste teu coração palpitar de forma diferente. Até ali, havias desprezado muitos pretendentes, pois teu coração nunca havia vibrado por nenhum deles. Mas com João Pedro foi diferente. Amaste-o desde o primeiro instante. Não mais pudeste tirá-lo da cabeça.

João Pedro era um bom rapaz, mas também não era de perder nenhuma oportunidade de aproveitar a vida. Mesmo assim, tentou te mostrar a inconveniência de um relacionamento mais íntimo. Afirmou-te que jamais poderia desposar-te. Ainda que viesse a amar-te, seus pais não concordariam com tal união, pois eram pessoas diferenciadas na alta sociedade local e já entabulavam as negociações para um bom casamento entre famílias. Ele já conhecia a sua prometida e gostava dela. Que ficasse, então, claro, que não deveria haver cobranças de tua parte, depois.

Sofreste com isso. Mas apostaste na tua beleza. Uma vez, fazendo-te amar por João Pedro, haverias de dobrar os pais, pois eles te estimavam muito. Só esqueceste de que gostar de uma empregada é uma coisa, mas fazer dessa empregada um membro da família, é outra.

Viveram ambos na mais pura intimidade. João Pedro, como tu bem previras, rendera-se a teus encantos. Eras, tu, a personificação da beleza e sensualidade. Dera-se, o jovem apaixonado, ao trabalho de ensinar-te a ler e escrever para diminuir as diferenças culturais.

Cecília não perdia uma só daquelas palavras.

– Mas um dia, tudo foi descoberto. João Pedro quis argumentar com os pais, mas eles foram irredutíveis. Jamais consentiriam em tal união e já agora passavam a duvidar do teu caráter. Arrependeram-se de ter-te como empregada e amiga. Sentiram-se usados por ti e te expulsaram de casa.

João Pedro, que fora até ameaçado de ser mandado para o exterior, caso teimasse em desposar-te, nada pôde – ou quis – fazer.

E tu, cega de dor e revolta, correndo, saíste rumo às linhas do trem. Ele não demoraria a passar por ali. Já se fazia ouvir ao longe. Terminar com tudo, esquecer, deixar de sofrer, era tudo o que pensavas naquele momento.

O trem... As rodas devorando distância... vindo ao teu encontro... um gigante de ferro que soltava fumaça e fogo e que haveria de te libertar a alma, conforme teu equívoco. Ah... menina... que tristeza!

Teu corpo jovem e cheio de energia vital foi jogado a metros de distância. Sangue... Vísceras despedaçadas... Depois... a escuridão. A dor que jamais cessava. Os gritos ao teu redor: Suicida! Assassina! Covarde! O Senhor das Trevas espreitava...

— Senhor das Trevas?! Quem é esse?

— Depois. Depois saberás dele. Terias tu enlouquecido de dor mais uma vez... Se louca já não estivesses.

Cecília soluçava baixinho. Irwing e Flávia conversavam animadamente sem imaginar o drama que ela vivia.

— Desculpe-me fazer-te relembrar. Mas foi preciso. Breve terás que enfrentar mais uma etapa de tua eterna vida. Terás de mostrar à justiça divina que aprendeste a lição, que agora já sabes que a vida não é patrimônio nosso, que pertence a Deus e que só Ele pode tirá-la. Aproveita bem esta lembrança do teu passado para não caíres novamente no desejo de te matar... quando chegar tua provação."

— Acorde, menina. Chegamos.

— Já não era sem tempo — disse Irwing.

Cecília levou um choque. O Espírito se fora. Teria sonhado?

"Meu Deus! Que coisa mais estranha! Que dor senti àquelas recordações! Estarei ficando louca ou aconteceu realmente? Mamãe... Ajude-me... Estou precisando tanto da sua orientação!"

Capítulo Quatro

Deixemos os que partiram repousar em paz

*Somente o Espírito equilibrado
tem condições de ajudar.*

CECÍLIA CONTINUOU PENSANDO NA MÃE. EM UM momento de veemente apelo, Mércia, a mãe sempre lembrada, agitou-se no leito de uma enfermaria espiritual e acordou chamando pela filha.

Uma enfermeira acudiu prestativa, mas não conseguiu acalmá-la e ela viu-se, repentinamente, atraída magneticamente para junto de Cecília.

A enfermeira nada pôde fazer e comunicou o fato aos seus superiores. "Não podemos intervir no livre-arbítrio dela" – disse o responsável por aquela ala. Depois, designou Alcíone, Espírito lúcido, para amparar Mércia, pois que esta teria muito sofrimento a partir de então.

Impulsionada por sua determinação, em poucos minutos a desesperada mãe estava junto à filha.

Cecília não sentiu sua presença e continuou clamando por ela.

"Cecília... estou aqui. Minha menina, não se aflija tanto, mamãe está ao seu lado, não vê? Olhe pra mim... Por que não consegue me ver? Estará por acaso cega? Oh, Deus... Não permita tanta desgraça!"

Mércia não entendia o que se passava. Nada se lembrava de sua recente desencarnação e se angustiava com aquela situação. Queria ajudar a filha, mas o que conseguia era desesperar Cecília ainda mais, e a si mesma.

Alcíone condoía-se com tal situação. Pousou suas mãos sobre a fronte abatida de Mércia e lhe aplicou recursos magnéticos. Depois orou por ela e por Cecília. Nada mais, por enquanto, poderia fazer.

Mércia se acalmou um pouco, esfregou as mãos e olhou para o céu: *"Meu Deus... o que está acontecendo? Sinto que estou perdida... não consigo raciocinar com clareza... meus outros filhos... Maria Inês e Armandinho... Onde estão? E o que faz Irwing aqui nesta casa* e com uma mulher estranha e despudorada? Por que Cecília está tão aflita? O que acontece? Enlouqueci, por acaso?"

Alcíone não pôde evitar que Mércia chegasse perto de Irwing e o interrogasse:

"Irwing, o que faz aqui? Esqueceu o respeito que me deve e à família?"

Irwing não ouviu o desabafo do Espírito, mas lembrou-se imediatamente de Mércia. Sentiu-se pouco à vontade em companhia de Flávia, entristecendo-se.

– O que aconteceu, Irwing? De repente, você ficou tão sério – disse Flávia.

– Estou cansado.

– É... Vocês fizeram uma longa viagem.

– Estou preocupado com Cecília... Ainda não sei se fiz bem em trazê-la.

– Também tenho minhas dúvidas. Afinal... Será que ela suportará tudo numa boa? A pobrezinha perdeu a mãe e agora perderá também os irmãos e o pai.

– Não diga isso! Ela não nos está perdendo. Que colocação mais infeliz! Continuaremos a nos ver regularmente.

– Não é a mesma coisa e você sabe disso. A união da família é fundamental. Percebo que a menina é muito apegada a você e aos irmãos.

Irwing mordeu os lábios. Sentiu vontade de se desabafar com Flávia, de lhe dizer o quando estava sendo difícil, principalmente para ele, aquela separação; de lhe dizer que Cecília estaria melhor com a tia do que com a família. Mas calou-se. Ela o condenaria inapelavelmente. E com muita razão. Bastava já o tormento que era sua consciência e passando a mão pela barba áspera que o incomodava, argumentou:

– As coisas não são bem assim, Flávia. Cecília é muito inteligente e precisa estudar. Eu... confesso, não tenho meios para isso.

O Espírito Mércia continuava ali, sem saber o que se passava. Sentia-se enciumada, porque via o marido interessado em Flávia. Mas não teve ódio, só uma dor que parecia esmagar-lhe o peito.

Alcíone a tudo presenciava. Sabia muito bem o que ela estava sentindo, pois com ela acontecera a mesma coisa. Deixara o marido muito moço, ainda. Ele se casou novamente. Ela não compreendeu no primeiro momento. Sofreu. Sentiu a dor do ciúme, amaldiçoou a outra companheira do marido. Depois... Depois veio a saber que aquela mulher havia sido sua maior benfeitora em outros tempos. Seus filhos foram criados e educados por ela que, apesar de ter tido outros filhos, jamais fizera qualquer diferença entre eles.

Cecília não conseguia dormir e se levantou. Ainda ouviu as últimas palavras do pai.

– Sente-se aqui conosco, Cecília.

– Vou preparar alguma coisa para nós – disse Flávia. – Sei que estão com fome.

Cecília olhou para o pai que baixou os olhos. Agora se sentia inibido diante dela.

– Pai... Não sei o que se passa comigo.

– Fale. O que acontece?

– Não sei bem... Parece que a mamãe está aqui... Uma voz me falou que ela não morreu... Como pode ser isso? Eu a vi morta!

Irwing abraçou-a de encontro ao peito."Cabelos de fogo...". Percebeu que a menina, mais que todos da casa, sofria com a separação da mãe.

– Por que você diz isso, Cecília?

– Você acredita em anjo da guarda, pai?

– Claro. Todos temos um. Por quê?

– Eu penso que meu anjo falou comigo. Não consigo me lembrar o que ele disse, mas parece que vou passar por algum tipo de prova... Não sei direito.

Nesse momento, Flávia entrou e a conversa foi interrompida.

Capítulo Cinco

Incompreensões trazem desespero

*Poucos se preparam para a morte.
Quando ela chega...*

CECÍLIA ESTAVA CONFUSA. A PRESENÇA ESPIRITUAL da mãe, ainda não esclarecida e sofredora, mais aumentava sua angústia. Longe de ajudá-la, aquela presença a prejudicava. Não tinha, ainda, Mércia, condições de ajudar-se sequer a si mesma. Fugira do pronto-socorro espiritual sem a devida alta, estava tão – ou até mais – necessitada do que Cecília. "Um cego conduzindo outro cego" – é certo que ambos cairão no abismo.

— Está melhor, minha filha? — indagou Irwing.

Ela negou com a cabeça. Sentia o corpo moído. Não estava habituada a viajar e estava passando por experiências estranhas.

O quarto que lhe fora destinado, embora minúsculo, era confortável. A cama estava arrumada. Um abajur com luz verde proporcionava uma sensação de paz. Uma pequena cômoda e uma cadeira. Era toda a mobília do quarto.

Flávia serviu-lhes uma sopa quente e reconfortante acompanhada de torradas com manteiga. Cecília e o pai comeram com vontade.

Irwing já se esquecera do desconforto causado pela admoestação da esposa desencarnada e não poupava elogios à amiga. Entre risinhos, prometeu-lhe que seria pródigo no pagamento.

— Apesar da profissão — disse Flávia, tilintando as pulseiras e fingindo que não entendera o sentido daquele *"pagamento"* — ainda sei agir unicamente por Espírito fraterno.

Tão logo Cecília se afastou, ela completou:

— Sua filha morre de ciúmes de você, meu caro.

Irwing sorriu. Não havia como discordar.

Alcíone não estava conseguindo convencer Mércia a retornar para o posto de atendimento do qual ela fugira.

"Minha amiga, não vê que preciso ajudar minha filha?! Por que quer me levar daqui? Não entende meu coração de mãe?"

"Mércia, minha amiga... você não está em condições de ajudar ninguém. Volte comigo. Depois, quando estiver mais fortalecida, retornaremos. Então, saberá como ajudar Cecília."

Mércia torcia as mãos num desespero crescente. Sentia-se confusa. Vez ou outra, lembrava-se de alguma coisa... Choro... Orações balbuciadas, mas isso lhe era tão terrível que ela, imediatamente, repudiava.

"Você... como se chama?"

"Alcíone."

"Por que está aqui comigo? Eu não a conheço. É minha parenta?"

"Somos irmãs em Deus-Pai."

"Que conversa estranha! Pode me dizer o que quer de mim? Eu lhe devo alguma coisa?"

"Não. Você não me deve nada. Procure se lembrar, Mércia, o que aconteceu com você. Faça um esforço de memória... Não acha estranho que ninguém, nem sua própria filha, ou Irwing, a vejam? Já se perguntou por que Irwing está agindo como se fosse solteiro?"

"Porque é um safado. Um descarado que não me respeita mais."

"Não. Não é isso. Creio que você sabe. Só não quer admitir e está complicando tudo. Não viu como não pôde ajudar Cecília e ainda a desesperou mais? É isso que você quer? Prejudicar seus entes queridos? Levá-los à loucura?" – falava Alcíone com amor, mas com muita determinação.

Mércia cambaleou. Alcíone a amparou. Em seguida, levou-a para o quarto de Flávia e orou por ela. Depois de algum tempo, Mércia deu um grito dolorido. Abriu desmesuradamente os olhos. Estava trêmula.

"Morri. Ai, meu Deus! Morri! Você veio me buscar."

"Não, Mércia. Você não morreu. Não vê isso? Como poderia estar falando comigo, raciocinando, se estivesse morta?"

"Mas, então... não entendo. Acabo de me ver morta... dentro de um caixão roxo... meu corpo rodeado de flores... Meus filhos chorando... Irwing chorando também... e sofrendo..."

"O que você acaba de ver é seu corpo material. Ele, sim, morreu... Não agora. Mas você não, pois você não é o corpo... você é Espírito. E Espírito é eterno. Jamais morre. O corpo foi seu por algum tempo, agora não o é mais. Você se livrou dele como alguém se livra de uma prisão. Como a mão que se desfaz da luva."

"Mas eu ainda não queria morrer... Era muito nova... tinha um bom marido e três filhos lindos. Cecília não é minha filha biológica, mas é minha filha do coração. Estou ligada a ela há muito mais tempo do que com meus filhos biológicos. Eu tinha tantos planos..."

"Conforme-se. Ninguém pode lutar contra os desígnios do Criador. Só Ele sabe o que nos convém. Aceite, pelo bem dos seus, esta realidade. Volte comigo, porque você ainda está muito debilitada e assim não poderá ajudar ninguém. Lembra-se da lição evangélica? Aquela de um cego guiar outro cego? Não irão ambos para o abismo?"

"Está certo, minha boa amiga. Desculpe-me pela rebeldia. Agora compreendo. Pobres dos meus filhos. Irwing... bem vi que já se esqueceu de mim... já me substituiu em seu coração."

"Não é bem assim, Mércia. Ele ainda a ama. Sofreu e sofre por você, só que a vida tem de continuar e ele não é de ficar chorando a vida toda."

Mércia ainda estava estonteada quando foi se despedir de Cecília e de Irwing. Sentia-se deprimida, mas entendeu que, naquele momento, o melhor a fazer era seguir Alcíone. Beijou a filha e o ex-marido. Antes de partir, pediu para ver também Maria Inês e Armandinho. Muito chorou ao revê-los. Depois, deixou-se conduzir para o posto espiritual.

Capítulo Seis

Laços do Passado

*O fim da infância um dia chega e
nos obriga a assumir o leme da vida.*

A NOITE IA AO MEIO. CECÍLIA DORMIRA PESADAmente nas primeiras horas e agora se virava na cama sem conseguir conciliar o sono, todavia, as lembranças voltaram com mais nitidez. A estranha narrativa sobre seu passado a perturbava. Seria verdade? Teria sido realmente uma suicida na reencarnação passada? Já ouvira falar em outras vidas e, apesar de ser ainda uma adolescente, chegava a ver uma lógica nas reencarnações, como uma necessidade, até mesmo para se poder compreender as diferenças entre as pessoas e um sentido maior na justiça de Deus que, por certo, não colocaria, aleatoriamente, Seus filhos em situações as mais diversas no que se referia às facilidades ou dificuldades da vida.

O dia fora-lhe cheio de surpresas. Agora, já o sono a abandonara por completo. Passado e presente se misturavam numa dança frenética tentando um se sobrepor ao outro. Sentia saudades dos irmãos, de sua casa, de seus amigos. Sentia-se ali uma alienígena. Rememorava o rosto triste da irmã Maria Inês, do irmão caçula, o Armandinho. Os dois, confusos, ignorando por que ela, a mais velha, tinha de partir para tão longe deles. Justamente naquele momento tão doloroso da morte da mãe, eles perderiam também a irmã? A ruivinha sapeca? O pai dissera que era pelo bem dela... Agora, ela começava a compreender. Talvez o sentimento que ele nutria por ela não fosse o paterno. Ao pensar nisso, sentiu as faces afogueadas.

E as lembranças vinham-lhe aos borbotões: "Sei que vocês não vão compreender, mas agora que não temos mais a mamãe, as coisas ficarão mais difíceis e Cecília terá de ir morar com tia Augustina, em São Paulo."

Essas palavras tiveram o efeito de um furacão.

Todos queriam falar ao mesmo tempo. Cecília olhava o pai sem compreender, imaginando que ele estivesse brincando. Só podia ser brincadeira para acordá-los da lassidão que tomava conta de todos. Maria Inês chorou e bateu o pé com indignação.

Definitivamente, as lembranças tiravam qualquer possibilidade de Cecília dormir novamente. Decidiu orar. Orar por ela, pelos irmãos, pelo pai, pela mãe. Levantou-se e se ajoelhou. Cotovelos fincados no colchão e olhos semicerrados, ela ia iniciar a prece quando ouviu risos abafados e conversa murmurada. Ergueu-se amedrontada e susteve a respiração. Os ruídos e cochichos vinham do quarto contíguo. Identificou a voz do pai e a de Flávia. Indignou-se. Então... Sua mãe... Há tão pouco falecida já era substituída? E por uma desclassificada? "Cuidado, menina" – dissera a mulher do ônibus – "Não vê que ela é uma mulher à toa?"

A vontade de rezar saiu correndo pela porta dos fundos. No coração, só mágoa e revolta. Deitou-se, tiritando de frio.

– Diabo de lugar frio, este! – monologou.

Estaria com febre? Não era um frio comum, o que sentia. Seria tão bom que estivesse mesmo com febre... Com uma doença mortal... Uma doença que minasse sua robusta saúde, que transformasse seu cabelo cor de fogo em cor de neve. Assim, deixaria aquela vida, não ouviria mais aqueles cochichos. Iria com a mãe. Seu caixão seria branco. O da mãe fora roxo, mas o dela seria branco. Branco como sua virgindade. Todas as suas amigas já eram íntimas dos namorados; ela não. Queria guardar-se para o homem que a desposasse. Seria o presente de núpcias que ela daria a ele. Queria que o marido fosse o primeiro e único. Às vezes, pensava se conseguiria segurar sua impetuosidade, domar a força que o sexo exercia sobre ela. Assim, nunca permitiu que as carícias fossem além de beijos e abraços. Da única vez em que ambos se excederam, o pai os surpreendera. Que susto! O coração quase se lhe saíra pela boca. Vexados, não sabiam o que dizer. O desejo sumira e, no lugar, um sentimento azedo de frustração, de culpa, de pecado. Como o pai aparecera na hora exata? Não havia dito que voltaria tarde para casa, naquela noite? Será que ele sempre lhe sondava os encontros?

    E relembrou o medo que sentiu, a vergonha de ser advertida por ele. Pior que tudo, o receio de tê-lo magoado. Com certeza, ele a proibiria de namorar, alegando que ela era ainda uma criança. Mas, engraçado, ele não fizera nenhum comentário. Nem com ela nem com ninguém. Entraram em casa ambos calados. O semblante do pai não demonstrava raiva ou indignação. Os irmãos estavam numa festa de aniversário com a mãe. Ela foi para o quarto. Jogou-se na cama e ficou esperando. O pai bateu levemente à porta. "É agora. Agora vem o sermão de moral" – pensou.

O pai olhou-a demoradamente. Depois, sentou-se na cama. Seus olhos estavam brilhantes e suas mãos tremiam ligeiramente. *"Pai, por favor, não brigue comigo. Não vai acontecer de novo, juro."*

A esta lembrança, Cecília chorou. Não sabia se de saudade daquele tempo em que vivia tão despreocupada, ou de raiva por ter cumprido a promessa feita. Até ali, ainda não havia arrependimentos, mas agora... Ouvindo os cochichos dele e de Flávia, desabrochava nela uma angústia, um mal-estar, uma sensação indefinida de ciúme, prazer, ódio, impudência...

Se conhecesse a casa, sairia para tomar ar lá fora a fim de cortar o fio das lembranças. E não amanhecia para acabar com seus tormentos. E os cochichos e risinhos que se eternizavam. E o sono fugitivo...

Cecília estava exausta e deprimida ante a avalanche de recordações e, por fim, acabou por adormecer.

Antes tivesse sua insônia se prolongado até a manhã!

Os mistérios do sonho! Por onde vagabundeará

a alma imatura enquanto o corpo repousa? Será essa alma uma boêmia incorrigível que, anestesiado o corpo físico que se lhe embargava os movimentos, foge célere rumo aos bordéis da vida? Será, tal alma, como um duende brincalhão? Uma fada impudica? Uma chama que quer expandir-se, embriagar-se, iludir-se, enamorar-se?

Cecília se debatia no êxtase dos sonhos: As paredes do seu quarto desapareceram e ela podia ver o pai e Flávia, abraçados, cansados, suados. Quando perceberam sua presença ali, olhando-os com desprezo e rancor, separaram-se rapidamente. O tilintar das pulseiras de Flávia era a trombeta do inferno comunicando o juízo final. Que todos formassem fila, Lúcifer ordenou. Irwing se levantou, aflito, porque estava nu. Flávia riu dele, tirou uma de suas pulseiras e rindo, rindo, enfiou-a no seu pulso: "Pronto, querido, não está mais nu". Depois, ela também se levantou. Cecília ficou indignada porque viu que ela estava usando sua camisola: a camisola que ganhara da mãe ao fazer quinze anos. Enfurecida, atirou-se contra Flávia e fez com que ela lhe devolvesse a peça. Mas, ao pegá-la, reparou que ela tinha várias manchas de sangue. Do seu sangue. O sangue de sua virgindade. E ficou aflita, porque naquela hora o pai viu que ela não tinha cumprido o prometido; o de manter-se virgem. Ela quis, num último esforço, esconder as manchas vermelhas colocando as mãos sobre elas, mas suas mãos ficaram ensanguentadas, e o sangue maculava o lençol da cama e escorria para o chão, formando um riacho viscoso, rubro, vivo!

Lúcifer, então, pegou-a pelos cabelos e disse: "Cabelos de fogo... fogo do meu inferno". Ela olhou o pai. Viu que ele chorava, porque não podia defendê-la; suas mãos estavam ocupadas escondendo-lhe o sexo.

Flávia desfilava em frente de Lúcifer, que também estava nu. Ela começou a dançar em cima da cama, contorcendo-se como um réptil, com os olhos fixos em Lúcifer, que já agora soltava a cabeleira afogueada dela e se inclinava para Flávia.

Irwing, percebendo a intenção da amiga, disse: "Venha, querida, enquanto Flávia distrai Lúcifer. Fujamos!"

Mas ele estava nu. Ela não queria olhá-lo. Ele era seu pai e isso a perturbava. Irwing, vendo sua indecisão, lhe diz: "Unamo-nos, agasalhemo-nos um ao outro, você tem frio." Mas ela relutava. Encolheu-se sobre si mesma, escondendo o corpo, e não mais olhou o pai, para que ele não visse o quanto ela chorava por causa dele.

Cecília acordou com os membros retesados, doloridos. Nos olhos, ainda havia lágrimas.

Agitou a cabeleira ruiva, como a espantar a sensação desagradável do sonho. Estirou-se novamente na cama. Sentia-se bem, agora. Toda a raiva contra o pai e Flávia havia desaparecido. Aquela mulher podia ser uma desavergonhada – pensou – mas tinha bom coração. Salvara-a, no sonho, das garras de Lúcifer, enquanto que o pai só se preocupara em esconder a genitália e em querer fugir, deixando Flávia a se debater com Lúcifer.

Ouviu barulho na cozinha. Flávia já devia estar preparando o café. Levantou-se. Abriu devagarzinho a janela. A garoa da véspera havia passado e um Sol tímido tentava romper as nuvens acinzentadas. Ia-se vestir, quando Flávia bateu à porta e entrou.

– Bom dia, ruivinha! Está melhor hoje?

Cecília lembrou-se do sonho. Riu.

– Do que está rindo? Qual foi a graça?

– Nada.

– Como? E se ri por nada? Vamos, conte-me, sua danadinha.

– É que me lembrei do sonho que tive. Um sonho tão esquisito! Na hora foi terrível, mas agora... Bobeira... Deixe pra lá.

Sem cerimônia, Flávia puxou-a pelo braço, fê-la sentar-se na cama, sentou-se ao lado dela e lhe pediu que contasse o tal sonho.

– Vamos, não me esconda nada. Conte tudo. Adoro ouvir sonhos. Se tiver número, jogo no bicho.

Cecília enrubesceu. Não poderia contar tudo. Tudo, não!

– Não foi nada assim...

– Não interessa. Conte.

Cecília contou tudo meio por cima, com medo de se trair e dizer que ouvira os cochichos dela e do pai antes de dormir. Talvez por isso tivesse tido aquele sonho estranho.

– Ruivinha, ruivinha! Acho que você não quer contar direito.

– Oh, não! É só isso mesmo. Você sabe como sonho é confuso. Uma hora é uma coisa, depois já é outra, sem pé nem cabeça. De repente, tudo se mistura numa confusão que fica difícil de contar.

– É verdade. Tá bom. Vamos tomar café. Seu pai foi buscar pão quentinho.

— Vou tomar um banho primeiro.

— Você toma depois. Venha assim mesmo.

E arrastou Cecília para a cozinha no momento em que o pai entrava com os pães.

Cecília olhou para ele e baixou os olhos. Pela primeira vez, sentiu vergonha de estar com roupa íntima perto dele. Tentou esconder os seios com os braços.

Irwing, não dando mostra de ter notado seu acanhamento, cumprimentou-a sorridente.

— Então, cabelos de fogo... Dormiu bem? Conseguiu descansar?

— Bom dia. Eu dormi bem. E você?

— Como uma pedra!

Cecília ia, marotamente, perguntar onde ele dormira, pois a casa só tinha dois quartos. Antes, porém, que ela formulasse a pergunta, ele disse:

— Eu dormi no sofá da sala... Não é como num quarto, mas sempre se consegue descansar.

Cecília percebeu a mentira. *"Mas que cara de pau!"*

Acabou seu desjejum e se levantou. Não estava se sentindo bem. De vez em quando, um arrepio de frio percorria-lhe o corpo. Os olhos cor de melado em ponto de fio ardiam.

– Filha, tome logo seu banho. Vamos sair um pouco. Você não conhece São Paulo. Vai conhecer hoje vários lugares lindos. Vai ver que diferença daqueles cafundós onde moramos.

– Quando vamos para a casa de tia Augustina?

– Hoje vou até lá ver se já chegaram. Não se preocupe.

– Não está gostando da minha casa? – perguntou Flávia.

– Estou, sim. Sua casa é muito agradável, mas...

– Mas?

– Mas não podemos ficar indefinidamente aqui.

– Nossa ruivinha, como eu já lhe disse, vai ficar com a tia Augustina. Que tem muito dinheiro! E não tem filhos. Ela mesma se ofereceu para cuidar da educação dela.

A menina já estava no meio do corredor, em direção ao quarto, quanto sentiu forte tontura. Encostou-se à parede e levou a mão à testa.

O pai correu para ampará-la.

– O que foi, minha filha? O que você tem?

— Não sei... estou com muito frio... meus olhos ardem...

Irwing pôs a mão na testa dela.

— Está queimando de febre!

Flávia saiu em busca de um termômetro e Irwing reconduziu-a ao leito.

— Mas o que é isso, agora? Você estava tão bem! Nunca foi de ficar doente! Ahnn... a maldita garoa de ontem. O frio que passamos na rodoviária. Isso deve ser gripe.

Flávia voltou com o termômetro e o meteu nas axilas da menina. Piscou para Irwing e tilintou as pulseiras.

— Isso não é nada. Uma gripinha sem-vergonha. Caipira na capital, a primeira coisa que pega é resfriado. E riu debochadamente.

Irwing não riu.

— Onde está a graça? — perguntou, sério.

— Pai, vá à casa de tia Augustina ver se ela já chegou. Eu ficarei bem.

E como ele nada respondesse, ela continuou:

— A Flávia vai ficar aqui comigo, não vai?

— Nem pensar, queridinha. Tenho de trabalhar.

Não sou rica como a titia. Tome este comprimido, descanse, durma e vai acordar boazinha.

E piscando para Irwing, saiu, no seu caminhar gingado.

Irwing acomodou a filha, beijou-a e correu atrás de Flávia.

– Espere aí, criatura! Não pode deixar de trabalhar hoje? – perguntou, frisando bem o "trabalhar".

– A troco de quê?

– De ficar comigo. Acha que não vale a pena?

– Olha aqui, meu gato. Gosto de você, da menina, mas não sou nenhuma "Amélia". Você é um duro. Um duro com família pra criar. Tô fora! Tchau .

Irwing fez um gesto de desalento. Depois, gritou para a mulher, que já ia longe, tilintando as argolas:

– Quando você volta?

– Não tenho hora certa. Depende. Tem comida na geladeira. Se vire!

Dobrou a esquina e sumiu.

No quarto, Cecília tentava dormir. Depois de algum tempo, o pai tomou novamente sua temperatura.

– A febre cedeu um pouco.

– Feche a porta, pai. Apague a luz, por favor.

– Você acha que ficará bem se eu sair por algumas horas?

– Claro, só tenho um resfriado à toa. Não estou morrendo.

– Então, vou deixar você aqui, repousando, e vou dar umas voltas por aí. Não me demoro.

Cecília assentiu com a cabeça. Assim que ficou só naquela casa estranha, numa cidade estranha, começou a sentir medo. Chorou até que os olhos ficassem inchados. Censurou intimamente o pai por tê-la deixado ali, sozinha e doente. Que reviravolta na sua vida! Que saudade sentia de Maria Inês, de Armandinho... Da mãe. *"Pobre mãe. Se ao menos eu tivesse sabido antes de ela morrer, eu a teria amado mais ainda. Criar-me, amar-me, educar-me... Sem ter nenhuma obrigação. Só uma alma grandiosa como a dela!"* Assim pensando, já sem lágrimas para chorar, adormeceu.

Capítulo Sete

O dormitório de uma "Dama"

*Nossa mente é hábil tecelã
de sonhos e aventuras.*

O SOL, FINALMENTE, HAVIA ROMPIDO AS ESPESSAS NUVENS E BRILHAVA NO CÉU MORNO.

Nos quintais das casas, apareciam mulheres com bacias cheias de roupa para estender nos varais. Janelas e portas eram abertas e bandos de barulhentas crianças saíam à rua para brincar ou ir à escola. As mães gritavam recomendações: que prestassem atenção às aulas, não tirassem os agasalhos, não esquecessem material escolar nas carteiras e, principalmente, não brigassem no caminho.

Foi um daqueles "berros maternais" que acordou Cecília depois de duas horas de sono. Levantou-se, olhou-se no espelho. Os olhos estavam inchados e sentiu-se horrorosa. Não deveria ter chorado tanto – lamentou-se.

Ainda sonolenta, enrolou-se no cobertor e saiu do quarto.

Tudo era silêncio. Até o barulho da rua cessara. Nem o pai nem Flávia haviam retornado. Incomodava-a uma sensação de abandono, de fragilidade que ela jamais sentira.

Ouviu um barulho no quarto de Flávia. Estremeceu. Correu para seu quarto e fechou-se por dentro. O coração pulava no peito. Prestou mais atenção. Encostou o ouvido à parede e pareceu ouvir um como que lamento dolorido. Nada mais.

Ficou ali durante algum tempo, atenta, ouvindo o próprio ritmo cardíaco. Xingou o pai. Será que ele e Flávia tiveram o desplante de retornar e ficar de pouca-vergonha no quarto? Precisava tirar aquilo a limpo, mas... como sair dali? E seu medo? O que encontraria no quarto? E se realmente os dois estivessem lá...? Lembrou-se novamente das palavras da mulher

do ônibus: "Cuidado! Não vê que ela é uma mulher
à toa?"

Resolveu sair do seu quarto. *"Dane-se, se os dois
estiverem lá."*

Dirigiu-se ao quarto. Estranho! Não estava fechado. Parou, ansiosa, o coração querendo sair pela boca. Tentou ficar calma. Na rua, alguns moleques recomeçaram a discutir. Motivo: futebol.

"Entro ou não entro?"

Dentro do quarto, novamente um gemido choroso. Desta vez, mais próximo, e ela pôde ouvir um ruído abafado. Ficou extática, grudada ali. Seria algum fantasma? Quis correr, mas quem disse que as pernas obedeciam? Um suor frio escorria-lhe pelas costas. Seria suor da febre que cedia ou do medo que aumentava? Queria chamar o pai, chamar Flávia, e a voz não saía.

Novamente o silêncio na casa.

Na rua, os dois moleques passaram, da discussão, aos socos e pontapés. Um xingando o time do outro. Os gritos da mulher que tentava separar os brigões mais instigavam um cachorro, que latia sem parar.

Aquela situação era ridícula. *"Vou entrar."*

No momento em que escancarou a porta do quarto, uma coisa peluda pulou a janela e correu para o jardim. Cecília quase caiu de susto.

Na cama de Flávia, uma gata siamesa de lânguido olhar a fitou.

Pela primeira vez, desde que sua mãe se fora, Cecília achou graça em alguma coisa. Riu alto. A gata olhava-a sem entender nada daquela euforia toda e, miando manhosamente, foi esfregar-se em suas pernas.

— Sua desavergonhada! Então, namorando descaradamente em uma hora dessas? E seu Romeu? O safado fugiu pela janela, não fugiu?

Acariciando a bichana, ainda com o coração trêmulo:

— Espero não ter assustado seu namorado tanto quanto ele me assustou. E que ele volte. Que volte, para lhe dar muito amor e filhotes.

A gata saltou janela afora. Cecília olhou-a no seu salto macio.

Sozinha, pôs-se a conhecer o quarto de Flávia. Sempre tivera curiosidade por saber como era o quarto de uma *mulher da vida*. Havia acabado de ler um livro em que o escritor descrevera o quarto da personagem, uma prostituta requintada:

"... A alcova da elegante mulher possuía móveis finíssimos em madeira de lei toda trabalhada, estilo rococó. Sobre a penteadeira, delicado vaso de cristal, onde rubros botões de rosa vermelha, semiabertos, exalavam delicado perfume..."

Cecília lembrou-se de como se havia impressionado com tal descrição.

Agora estava ali. "No ninho de amor", conforme a definição do escritor romântico. Se levantasse a colcha de crochê branca, talvez sentisse o perfume de Flávia.

O quarto era pequeno. Um pouco maior do que o que ela ocupava. Os móveis não eram de madeira de lei, nem de estilo rococó. Sobre a cômoda, não havia nenhum vaso fino de cristal, muito menos rubros botões de rosa exalando delicado perfume. Ali, naquele "ninho de amor", tudo era muito simples. Será que Flávia não era, afinal, uma dama requintada?!

Cecília olhou a cama arrumada e os criados-mudos com um pequeno abajur sobre cada um. Na cômoda, uma caixinha de pedra-sabão com algumas bugigangas; alguns vidros de perfume, cosméticos e um porta-retratos com fotos antigas em preto e branco: uma senhora com uma menina no colo. A senhora era a cara de Flávia. Seria a mãe dela, segurando-a? Pode ser. Logo embaixo, outra foto menor: a de um homem de queixo quadrado e chapéu. Olhar severo. Na sequência, três fotos pequenas: uma velhinha toda enrugada, uma mulher mais ou menos madura vestida de enfermeira e um cãozinho sobre uma almofada. Aquela composição mostrava muito gosto artístico.

Repôs o porta-retratos no lugar. Sentou-se num pequeno sofá ao lado da cama. "Aonde andariam o pai e Flávia?" – pensou. Já ia sair do quarto quando sentiu vontade de abrir o armário. Como seriam as roupas íntimas de Flávia? Ela imaginou como deveriam ser: calcinhas vermelhas, diminutas, de renda; sutiãs combinando. Tudo lindo! Camisolas finas, transparentes, rendadas, perfumadas.

Abriu a primeira porta. Vários vestidos dependurados nos cabides. Nada de especial. Roupa comum, de todo dia. Abriu a segunda porta: roupas de inverno, lenços de seda, cachecóis de lã. Abriu a primeira gaveta da terceira porta e um cheiro forte inundou suas narinas. Entre a roupa íntima, vários sachês com essência de alguma flor que ela não soube qual. Tão absorta na contemplação ela estava, que quase desmaiou de susto quando a gata retornou, saltando na cama, com seus gemidos de cio. Fechou imediatamente a gaveta e as portas do armário. "Agora que vi quase tudo" – pensou –, "não vou deixar de ver esta última porta." Tentou abri-la. Estava trancada. Agora sim, sua curiosidade recrudesceu. Por que trancada? O que Flávia guardava ali? Talvez algum segredo profissional ou coisa parecida – concluiu. Forçou de novo, mas a porta não abriu. Lembrou-se de procurar a chave em alguma gaveta. Teve êxito. Na primeira gaveta do criado-mudo, encontrou-a. Enfiou na fechadura. A porta abriu. Seus olhos espantados deram com cinco porta-perucas. Cada qual com uma peruca diferente: uma preta longa e uma preta curta. Uma loira longa e uma loira curta. Na quinta, uma de cabelos castanhos bem crespos.

– Caramba!! Essa mulher gosta mesmo de variar... Temos aqui cinco Flávias diferentes.

Olhou as cabeças sem olhos, sem nariz, sem boca. Enfileirou-as na cama. A gata, dengosa e impudica, foi-se roçando por todas elas, miando, querendo afagos.

Cecília tomou-a nos braços e, enquanto a afagava, foi colocando mentalmente naqueles rostos inexpressivos – diferenciados apenas pelas perucas – os olhos de Flávia, o nariz de Flávia, a boca de Flávia...

Ouviu doze badaladas do sino de alguma igreja. Guardou as perucas tal como as havia encontrado. Fechou a porta e devolveu a chave à gaveta.

Saiu do quarto e, já impaciente, tomou seu banho, vestiu-se, sentou-se no sofá da sala, pegou seu Pollyana Moça e começou a ler.

Dali a instante, ouviu a risada e o tilintar das pulseiras de Flávia. "Como uma vaca-guia" – pensou. Levantou-se e foi espiar. Não aguentava a curiosidade de saber se o pai estava ou não com ela. No primeiro momento, ficou confusa, pois a mulher não parecia Flávia. Mas era a Flávia, ela reconheceu a risada e o tilintar das pulseiras. E estava com seu pai. Quando chegaram mais perto, ela compreendeu. Era Flávia usando uma bela e farta peruca ruiva. Lembrou-se da coleção no armário. Por que será que ela comprou uma peruca ruiva? Gostou a tal ponto da cor de seus cabelos? E seu pai... – ela bem notou – afagava a cabeleira afogueada, enquanto ela abria o portão. Entraram.

– Veja nossa bela ruivinha! Pobrezinha... Como fomos maus, Irwing, ao deixá-la sozinha tanto tempo!

Cecília apenas esboçou um sorriso chocho enquanto a mulher, carregada de pacotes, se dirigia à cozinha.

– Trouxe comida chinesa. É muito boa e gostosa. Espero que você goste, Cecília – e virando-se para Irwing:

– Aqui, quem não trabalha não come. Venha me ajudar com o almoço.

– Só um minuto, Flávia. Vou conversar um pouco com minha filha.

– Pai, aonde o senhor foi? Que demora... Estava com Flávia?

– Não o tempo todo – apressou-se em informar – Quando saí, fui até a casa da Augustina. Fui certificar-me pessoalmente se eles já haviam chegado.

– Chegaram?

– Conforme informação dos criados, chegarão hoje à noite. Menina, você precisa ver que casa! Uma mansão! Essa sua tia não é fraca, não!

– Então... Se eles não chegaram...

– Teremos de passar outra noite aqui. A propósito, deixei o endereço desta casa com um dos criados, caso sua tia queira nos buscar.

Cecília mostrou-se contrariada.

– Desagrada-lhe? Podemos então ir para um hotel.

– Não! Não vale a pena gastar dinheiro em hotel apenas por mais uma noite.

– Esta é minha ruivinha! – disse, beijando-a no rosto.

Estavam todos à mesa. Só se ouvia o tilintar da pulseira de Flávia e dos talheres.

– Flávia, por que você está de peruca?

– Ahn! Comprei-a hoje. – E piscou para Irwing.

– Por que ruiva?

– Acha que não fico bem de ruiva?

– Não é isso... É que... Não quero ser pretensiosa, mas gostou tanto assim do meu cabelo?

Flávia caiu na risada. Olhou para Irwing e disse:

– Falei pra você que não era uma boa ideia. Mas você tanto insistiu...

Irwing se afogou com a comida. Tossiu. Ficou vermelho. Olhou para Cecília e nada disse.

Cecília também não soube o que dizer. Flávia pediu licença e foi para o quarto. Retornou sem a peruca ruiva.

– Pronto. Já não sou mais ruiva. Tá bom, Cecília?

– Você fica melhor assim, de morena. Fica mais natural.

– Mudando de assunto, você conheceu a Betina?

– Betina é a sua gata?

— Uma beleza de gata!

— Eu a conheci. Ela me deu o maior susto.

— É mesmo? Como foi? Ela está no cio.

— É. Deu pra perceber.

— Vieram muitos namorados?

— Só vi um. Que pulou a janela quando me viu.

— É? Betina é muito comportada. Puxou a dona... é...

Deixou a frase inconclusa e riu. O vinho tomado antes e no almoço afogueava-lhe as faces. Arrumou a louça na pia e disse para ninguém se preocupar, porque a faxineira arrumaria no dia seguinte.

— Pai... Vamos passear agora? Já estou completamente boa. Era puro cansaço.

Irwing olhou para Flávia. Não sabia se a convidava ou não. Foi Flávia quem falou:

— Infelizmente, não posso acompanhá-los. Tenho um compromisso logo mais. Vão vocês dois. Irwing, se quiser, pegue o carro.

Irwing agradeceu e, mais uma vez, admirou-se da bondade e sutileza da amiga.

Capítulo Oito

Vitória das Trevas

*Ao mergulhar no inconsciente,
podemos abrir algumas portas*

Dez horas da manhã do dia seguinte.

Um carro importado para defronte à casa de Flávia e descem tia Augustina e seu marido.

Cecília, que os observava do lado de dentro da casa, corre para o quarto, muda rapidamente de roupa, pinta os lábios, ajeita os cabelos, e volta a fim de cumprimentar as visitas. Quer demonstrar uma felicidade que não sente. Ao pai não passa despercebida essa atitude. Percebe a transformação que ela vem apresentando desde que soubera não ser sua filha consanguínea. Seus olhos cor de melado em ponto de fio perderam a inocência de semanas antes e já neles percebia-se uma excitação que ela não podia esconder.

Ao conhecer Gregório, o marido de Augustina, Irwing não conseguiu disfarçar a preocupação. Ouvira falar que este segundo marido da cunhada era bem jovem e bonitão, mas atribuíra aos assanhamentos femininos.

Augustina, com seus trinta e três anos, era também muito bonita. E rica. Também ela estava surpresa.

— Mas então, Irwing, é esta aquela menina sardenta que eu segurei no colo? Santo Deus! Pensei que se tratasse de uma menina e vejo que o que temos aqui é uma moça!!!

Gregório não desgrudava os olhos de Cecília:

— Moça! Moça e bonita! Quantos anos você tem?

— Quinze.

Cecília falava sem ter coragem de expor a alma. Sentia-se pisar em terreno minado e todos que a olhavam a estavam sufocando. Mas ela não podia mostrar-se intimidada... Não queria que a chamassem de caipira.

A mansão de Augustina era bonita. Imponente.

Senhoril. Uma das melhores daquele bairro nobre da capital.

– Vamos, entremos. E então, Cecília, gosta da casa?

– É muito bonita!

– Espere até ver seu quarto, Ce – disse Gregório.

Irwing não gostou daquela intimidade. *"Ce... quem pensa ele que é?"*

Augustina lembrou-se de que precisava fazer algumas modificações no quarto.

– Decorei o quarto para uma menininha sardenta e agora me deparo com uma moça feita! – disse com ar desolado.

Gregório riu.

– Imagine, Ce, que tem até uma boneca sobre sua cama! Uma boneca de longos cabelos ruivos...

– Vou gostar, mas não brinco mais com bonecas. De qualquer forma, valeu, tia.

– Na verdade, ela é ainda uma menina. É pura, inocente, ingênua – falou Irwing, lançando chispas para Gregório. *"O desgraçado não tira os olhos da Cecília. Que pulha!"*

– A pureza, a inocência e a ingenuidade tornam

mais lindas as mulheres – respondeu prontamente Gregório.

Pela primeira vez, Augustina pareceu se preocupar com o destino da menina em sua casa. Uma pontinha de ciúme toldou sua alegria e foi com dureza que disse, encarando o marido:

– E a lascívia Greg, a falta de caráter e a imoralidade tornam o homem vil.

O marido bateu palmas:

– Bravo! Bravo! É isso mesmo, cara Augustina. – concordou o homem, todavia, o rubor nas faces mostrou que ele entendera muito bem o recado.

– Você fica uns dias conosco, não, Irwing?

– Minha cara cunhada... só ficarei esta noite. Amanhã, retorno. Deixei a Maria Inês e o Armandinho com uma parenta. Não posso me demorar mais.

– É pena, pois seria bom que você ficasse mais alguns dias. Até Cecília se adaptar.

– Infelizmente, tenho de partir. Não se preocupe, se ela não se adaptar, virei buscá-la.

Gregório, que emudecera ante a insinuação da esposa, apenas sorriu.

Instalada no seu quarto, Cecília pensava em como

seria sua vida dali para a frente. Não se sentia bem; a febre do dia anterior voltara, fazendo os olhos cor de melado em ponto de fio arderem. Não queria dar preocupações no seu primeiro dia com a tia. O pai instou para levá-la ao médico, mas ela insistiu que era apenas um resfriado bobo.

    Jantou com muito sacrifício, esforçando-se por usar os talheres certos e comer com o garfo na mão esquerda e a faca na direita. Até ali, nunca se preocupara com isso, mas agora, sentia que Gregório a observava. Passou mal à noite. A febre causava-lhe delírios, tremores, alucinações, onde ficção e realidade se confundiam. Na verdade, pressentia que aquela noite marcaria sua vida.

    Irwing, insone, pensava. O que era Cecília para ele? Conseguiria viver sem sua alegre presença? Amolentava-se-lhe a vontade de partir. Seu quarto era contíguo ao dela e, a qualquer insólito ruído, ele saltava da cama como um cão de guarda a vigiar. *"Nem quero pensar o que farei se esse safado do Gregório..."*

    No silêncio da noite, ouviu um gemido. Seu nome era pronunciado molemente. Cecília o chamava – ele poderia jurar. Era estranho, ela nunca o chamara pelo nome. Teria ele adormecido e sonhado? Ou Cecília realmente o chamava? *"E se Gregório estiver lá com ela? Mato o canalha!"* – tudo passava a mil por segundo em sua mente, amargando-lhe a boca.

Pé ante pé, abriu a porta do quarto de Cecília e fechou-a por dentro. Felizmente, sua suspeita era infundada. Aproximou-se da cama e apurou o ouvido. Sentiu a respiração entrecortada da filha. Pôs a mão sobre sua testa para ver se a febre cedera. A quentura pareceu-lhe normal. Fazia frio e ela estava muito agasalhada. Àquele contato, voltaram os delírios, e ela chamava por ele, pelos irmãos, pela mãe.

Nos domínios espirituais, a treva começou a ganhar terreno sobre a luz. O livre-arbítrio de cada um... a hora do teste... a hora de conferir o aprendizado... a hora íntima onde somos senhores do agir...

Um frêmito percorreu o corpo de Irwing. Sua mente rejeitou qualquer pensamento que não fosse de prazer, luxúria, posse. Não mais viu ali a filha adotiva a quem deveria amar e respeitar. Naquela cama, delirando na inconsciência da febre, estava uma mulher. Deitou-se ao lado dela. Sentiu seu calor, seu cheiro, seu contato... Com desespero, acariciou-lhe os cabelos: "Cabelos de fogo... fogo do meu inferno" – disse baixinho.

Capítulo Nove

O Passado
Falou Mais Alto

Por um vacilo do Espírito... muito tempo no sofrimento.
A ilusão nos iludiu.

NO CAFÉ DA MANHÃ, CECÍLIA NÃO ESTAVA PRESENTE.

– Deve estar exausta, a pobrezinha. Que durma mais um pouco – disse Augustina, olhando as horas.

Irwing estava inquieto com aquela prolongada ausência. Como encarar a menina, agora? Arrependia-se tardiamente do que fizera. Culpava-se. Recriminava-se. A descida ao inferno já havia começado.

Gregório achou melhor acordar Cecília. O dia já ia avançado, e ele fizera alguns planos. A esposa adiantou-se:

— Pode deixar. Eu acordo a dorminhoca.

O grito de Augustina ecoou dolorido e assustado. Todos correram para o quarto.

Na cama, o corpo enregelado de Cecília. Em sua mão semiaberta, um vidro vazio de comprimidos para dormir, que havia "instintivamente", subtraído da casa de Flávia, antes de partir. No umbral... mais uma alma equivocada.

༺༻

Irwing nunca mais conseguiu esquecer o ato diabólico que praticara. Jamais se perdoaria, no entanto, a figura de Cecília ainda despertava nele sentimentos carnais que ele tentava repudiar. Cecília, a quem deveria amar e reconduzir ao bem, fora mais uma vez a sua vítima. E vítima dela própria.

Durante muito tempo, esteve de mal com Deus. Não lhe dirigiu mais suas preces, como se Ele fosse o causador de sua derrocada moral. Sofria terrivelmente. Era um queimar sem fim no fogo do inferno e ele vagava dentro de si mesmo como um animal abjeto. Esquecia-se de que para toda ação há que ter uma reação. É coerente. É lei divina.

Há quem pretenda fugir aos imperativos da grande Lei, porém, baldados são os esforços para tal. Ela se realizará de qualquer forma, com nosso entendimento ou não, com nossa aceitação ou não, com ou sem a rebeldia de nossa parte.

Muitos ainda desconhecem essa realidade. Ignoram que Deus conhece tão bem o grão de areia do deserto, quanto nossa humana alma, pois que tudo está Nele. E Ele está em tudo.

Irwing e Cecília, como tantos outros, foram socorridos pela bondade do Pai compassivo, porém, isso não os eximia da reparação indispensável, pois que não há prêmios ou castigos, somente a Lei irrevogável. A oportunidade de recomeçar poderá ser entendida como perdão... Do contrário, não haveria aprendizado ou justiça. Somos ainda pequenos para entender integralmente os mecanismos da justiça divina, mas desenvoltos o suficiente para saber o que é o bem e o que é o mal.

Muito tempo decorreu na vida atormentada de Irwing, e o seu passado era-lhe sempre presente. Um presente que o assustava, pois que ainda lhe causava perturbações e que, como uma ferida aberta, lhe aferroava a alma.

Havemos de acreditar que, conforme nos alerta

a espiritualidade superior, todos somos herdeiros de nós mesmos. Se não "herdamos" no presente, "herdaremos" lá na frente. E isso não é vingança mesquinha da vida, é a engrenagem da oficina de recuperação chamada Terra, a girar... girar... girar...

Afoitos no julgar, incorremos em crassos erros ao atirar pedras, condenar aqueles que não souberam palmilhar os caminhos de Jesus, que não souberam que o jugo Dele é leve e optaram pelo jugo pesado das ilusões. Afoitos também somos no aplaudir, no endeusar...

Irwing, após a tempestade que se lhe abatera, tentava caminhar o caminho da retidão. A Espiritualidade Superior dera-lhe um crédito em favor dos filhos que dependiam dele. A lembrança de Cecília ainda o atormentava. Quando dormia, sempre a via a debater-se em um pântano. Sabia que ela muito sofreu por sua causa. Que era suicida reincidente. E sabia que ele fora o culpado pelos dois suicídios. Não se perdoava por isso e esteve doente por muitos anos. Precisou de ajuda psiquiátrica, somente vindo a iniciar uma melhora, após ser beneficiado com pequenos lapsos de lembranças de vida passada, sendo esclarecido no entendimento dessas revelações através de trabalhadores de um centro espírita, onde começou a deter alguns conhecimentos sobre a doutrina dos Espíritos. E conseguiu conquistar um pouco de reequilíbrio através de passes e atendimentos espirituais específicos.

Tentou, após muitos sofrimentos, seguir o Mestre: "Eu sou o caminho, a verdade e a vida".

E o Mestre estava lá, como sempre esteve, aguardando-o para envolvê-lo no seu amor, para lhe mostrar que inúteis serão as tentativas de burlar a Lei, porque ela sempre haverá de nos alcançar.

Aos retardatários, a bondade do recomeço... A justiça é inexorável, mas sempre faculta o consolo do amor. Mas este amor tem de ser convidado a entrar. Pena que, iludidos e cegos apesar de já feita nossa opção por Cristo Jesus, ainda resvalamos nos equívocos do caminho.

Capítulo Dez

O Remorso

*A dor não é obra de Deus.
É consequência da infância da alma*

O REMORSO HAVIA DADO UMA TRÉGUA, MAS Naquela noite, apesar de os piores momentos já terem passado, Irwing foi dormir muito agitado.

Sua vida tomara um rumo assustador. A paz se fora. As dúvidas se lhe instalaram na alma, como espinhos. As lembranças confrangiam-lhe o Espírito combalido. Não encontrava respostas que lhe satisfizessem a consciência e, por mais que tentasse, girava sempre em um monoideísmo enlouquecedor. As lembranças invadiam-lhe a mente como tenazes de ferro. Nayla lá estava. Via-a amargurada e demente. Depois se transmudava: era, agora, Cecília. Linda na sua aparência de anjo barroco, mas, de repente, se lhe apresentava à mente como anjo conspurcado pela sua sandice. Não! Não podia se perdoar. Deixara que a bestialidade lhe falasse mais alto. Nayla... Cecília... Duas reencarnações, o mesmo Espírito que se lhe cruzara o caminho por motivos que não podemos, no momento, saber as razões. Um Espírito que precisava de um norte esclarecedor e caiu nos labirintos do desengano.

E o João Pedro de ontem, aquele que levara Nayla ao suicídio, se agitava no Irwing de hoje. E a Nayla do passado ainda atormentava os dias de Cecília.

Mércia também sofria. Sofria pelos filhos e por Irwing, pela cegueira dele. Recolhida novamente ao pronto-socorro espiritual, melhorava dia a dia. Queria se recuperar logo, adquirir méritos para poder ajudar principalmente Cecília. Atormentava-se sabê-la no umbral. Chorava e orava para que alguém a libertasse daquele lugar que ela sabia ser horrível.

Irwing, após seu tratamento psiquiátrico, e, frequentando o centro espírita, se mantinha relativamente equilibrado, malgrado as lembranças obsessivas.

Numa noite em que essas lembranças voltaram a

lhe fustigar a alma com mais veemência, ele foi levado, em corpo perispirítico, durante o sono do corpo físico, até onde estava Mércia, e emocionou-se ao rever a companheira do passado.

– Irwing... Por que se deixou envolver pelas trevas, meu querido? Acaso não sabia que devia reparações a Cecília? Que muito já a prejudicou no passado?

– Mércia! Perdoe-me, por amor de Deus! Estou arrependido... Preciso do seu perdão... Do perdão de Cecília, senão, enlouqueço!

– Querido do meu coração. Eu posso perdoá-lo, mas e você? Perdoar-se-á? E Deus?

– Deus é pai, Mércia. Vai me perdoar.

– Aprendi aqui que não há perdão... Ou melhor, o perdão não vem como pensamos, ou seja, como esquecimento da ofensa, como dispensa de acerto de contas... O perdão, querido meu, é a oportunidade de refazermos o que fizemos de errado; é nova oportunidade de quitação, não é o esquecimento da dívida, pois que isso não seria justo para com aquele que sempre venceu as sugestões do mal. Você faliu com Nayla na sua reencarnação anterior e também nesta falhou com Cecília, o mesmo Espírito de ontem.

Mércia era um Espírito em transição. Muito já vivera... Sofrera... Já consubstanciara em si algumas conquistas. Aquele encontro visava a esclarecer a mente conturbada de Irwing, a lhe mostrar o que devia fazer para minimizar sua conduta tão desleal no passado e no presente. Mostrar-lhe que ficar choramingando era, no mínimo, infantilidade espiritual.

– Mércia, por que não me deixa ficar aqui com você? Estou tão cansado...

– Mesmo que eu pudesse fazer o que me pede, eu não o faria, pois Maria Inês e Armandinho muito precisam de você. Sua deserção seria suicídio e já temos muitos suicídios em nossos caminhos. Não se acovarde diante de suas provações... Provações que você mesmo procurou.

Mércia, sempre inspirada, falou com energia e indignação ante a prova de fraqueza espiritual daquele que lhe fora esposo:

– Irwing, você precisa tirar Cecília das mãos do Senhor das Trevas. Indiretamente, você a mandou para lá... Agora..."

O Senhor das Trevas... Aquele que se julgava acima do Bem e do mal... A esta lembrança, Irwing tremeu.

– O Senhor das Trevas! Havia-me esquecido dele. Não sei se terei coragem de enfrentá-lo novamente.

– Você já o venceu uma vez, lembra-se?

– Agora me lembro. Já me defrontei com ele uma vez para tirar Nayla de suas garras. Foi terrível! Ainda hoje, já em outra reencarnação, ainda me arrepio só de pensar.

Irwing, enquanto envolto em suas obrigações diárias, não se recordava desse fato, mas quando adormecia, quando abria suas portas para a espiritualidade, lembrava-se com precisão, pois era um médium nato.

– Eu me lembro, Mércia. Chamava-me João Pedro. Amava Nayla. Ou julgava amar. Na verdade, foi ela quem me seduziu. Lembro-me de que queria muito me casar com ela, pois no íntimo da alma, sabia que eu lhe era grande devedor de outras jornadas. Mas não fui suficientemente forte e me deixei embair pelos argumentos de meus pais. Para ser sincero, como todo machista, achei que Nayla era apenas mais uma mulher iludida e abandonada. Crápula fui com Nayla ... Crápula fui com Cecília...

– Agora, de nada adiantam seus adjetivos, Irwing. Não quer me contar como foi que venceu o Senhor das Trevas, naquela ocasião? Talvez isso lhe dê forças para o novo enfrentamento – disse Mércia.

Irwing levou Mércia para um lugar afastado daquele jardim onde se achavam. Abriu sua alma:

— Na verdade, foi o plano espiritual superior quem a salvou. Minha colaboração foi pequena. Naquela época, eu me reconhecia menos culpado. Era bem jovem e fui muito influenciado pelos argumentos de meus pais, mas hoje... Não posso dizer que alguém tenha-me influenciado. Eu sabia muito bem o que estava fazendo. Satisfiz meu corpo e maculei minha alma, mesmo sabendo que mais tarde me arrependeria. As forças sexuais da alma, quando desequilibradas, geram cegueira e loucura.

Forte emoção sacudiu o corpo perispirítico de Irwing. Lágrimas vieram-lhe aos olhos. Mércia o abraçou.

Um Espírito os assistia sem ser visto e lhe aplicou recursos magnéticos. Era preciso que ele voltasse no tempo; que se conscientizasse de que sua missão de resgatar Cecília mais uma vez das garras do Senhor das Trevas não deveria tardar.

— Foi terrível, Mércia. Lembro-me de que não estava sozinho. Um Espírito superior, de muita luz, me assistia de muito longe. Comigo seguia apenas um amigo de muito tempo; um Espírito desencarnado que, parece-me, era meu protetor espiritual. Disse-me ele que eu, como médium que então era, tinha condições de levar a termo o resgate de Nayla. Contaríamos com a ajuda do Alto e eu nada deveria temer.

Mércia estava condoída e Irwing continuou:

— Logo ao sair do meu corpo físico pelo efeito do sono, fui conduzido a um lugar estranho. Era uma espécie de laboratório. Ali fiquei por algum tempo deitado em uma cama estranha, recebendo alguma coisa que nunca soube o que era, mas que me dava uma sensação de plenitude. Plenitude espiritual, como se fosse uma cirurgia em que se me implantaram força e determinação.

Lembro-me de que no quarto havia algo parecido a uma tela luminescente, onde um ser de luz orientava os demais Espíritos ali presentes. Assim, saímos dali, eu e um Espírito amigo, como se tivéssemos, ambos, recebido algum chip para nos proteger dos ataques das trevas.

Não pensava em outra coisa que não libertar Nayla de lá. Era por minha causa que ela se suicidara e eu não poderia ter paz enquanto ela lá estivesse.

Irwing parou por alguns segundos. A volta ao passado estava-lhe sendo dolorosa. Mércia segurava suas mãos. Ele prosseguiu:

— Lembro-me, então, que adentramos uma região escura. A luz da Lua chegava coada... tímida... esmaecida... Tomávamos muito cuidado com as ciladas do caminho. Durante todo o trajeto, olhos sinistros nos acompanhavam, ou assim me parecia. Jamais soube se eram olhos humanos ou de animais. Na verdade, muitos dos animais que víamos eram Espíritos que haviam plasmado aquelas formas sinistras para nos assustar, ou por efeito de processos diabólicos de seus obsessores.

Muitos saltavam a nossa frente, mas meu protetor levava consigo um pequeno aparelho. Nem era preciso usá-lo, bastava que ele fosse apontado para o estranho ser, que este fugia apavorado.

Uma serpente grotesca nos seguia de longe. Arrastava-se com facilidade, parecia mesmo que nem tocava o chão. Tinha olhos humanos e boca retorcida. Tal boca não era de serpente, lembrava mais a de um jacaré. Tive muito medo. Mas ela limitou-se a nos acompanhar sem interferir em nada. Até hoje, por causa disso, tenho pavor de répteis.

O Espírito, brincando, talvez para me encorajar, disse:

— João Pedro, você treme feito geleia. Esta serpente não vai nos atacar... Só se eu perder este aparelhinho aqui. — E, para meu pavor, ele fingiu que ia jogar para longe o tal aparelho.

Então, passei a ignorar a serpente e concentrei-me no serviço a fazer.

Foi preciso descer um terreno íngreme e alagadiço – continuou Irwing. – Escorreguei várias vezes. Então, o Espírito sugeriu que tentássemos volitar. A atmosfera ali era tão ou mais densa do que a da Terra. Eu respirava com dificuldade. Percebi que meu acompanhante também se mostrava cansado e tinha, como eu, dificuldades para respirar. Mesmo assim, tentamos levitar. Ele o fez com relativa facilidade, mas eu não tive o mesmo desempenho. Somente consegui volitar a alguns centímetros do chão lamacento. O Espírito, por bondade, seguiu ao meu lado.

À medida que chegávamos mais perto dos charcos, mais os ruídos se intensificavam. Gritos agudos, como de alguma ave desconhecida, fendiam o ar, causando-me arrepios. A vegetação era formada por arbustos mirrados, que pareciam ter sido calcinados por algum fogo sinistro. Já ali, tornou-se impossível ver a luz da Lua. Olhei o céu, procurando-a, e vi apenas um círculo desfalecente cuja luz tremelicava e não chegava a alumiar nosso caminho.

Irwing esperou que Mércia dissesse alguma coisa, que elogiasse sua bravura, mas ela permaneceu calada. Não se permitia a nenhuma consideração e, atenta, pediu que ele continuasse a narrativa. Era preciso que ele se lembrasse de como enfrentara o Senhor das Trevas e saíra ileso. Isso fortaleceria seu ânimo, pois deveria voltar a enfrentá-lo novamente, desta vez para resgatar Cecília, como já dissemos.

Prosseguiu:

– De repente, eu estava perto de um grande lago. Suas águas eram grossas, pesadas, plúmbeas. Uma vegetação espinhosa o circundava. Na verdade, era um pântano pequeno. No primeiro momento, achei que nada poderia existir ali, mas olhando melhor, percebi que estava enganado. Havia vida ali, para meu espanto. Muitas vidas. Pobres vidas de pobres criaturas.

Quis imediatamente retirar dali quantos daqueles seres pudesse, mas foi só me aproximar, para recuar assustado. Todas aquelas cabeças, pois que não via seus corpos, afloraram à flor da água e me suplicavam uma aproximação maior. Esticavam seus braços para me agarrarem. Gritavam. Gemiam. Chamavam-me. Um deles chegou a agarrar minha calça.

Mas meu instinto de sobrevivência falou mais alto. Defendi-me, empurrando-o para dentro do charco. Meu protetor ordenou que eu me mantivesse afastado, pois do contrário, outras criaturas no afã de se salvarem, me levariam para o fundo daquele brejo malcheiroso.

Estávamos estudando a situação, procurando por Nayla, que sabíamos estar ali, quando o Senhor das

Trevas apareceu. Formidável na sua arrogância! Fizera-se crescer por algum feitiço que até agora desconheço ou, talvez, apenas por sua força mental, sua determinação. Usava uma toga negra, como a de juízes, e nas mãos trazia uma estranha arma. Não estava só. Um séquito de Espíritos armados com também estranhas armas o seguia. Avançou sobre nós. Estou perdido – pensei.

Foi terrível. O trevoso pediu que seus sequazes não interviessem. Não precisava deles para acabar conosco. Riu. Vi seus dentes pontiagudos. Desproporcionais. Vampirescos. Vi sua saliva escorrendo como a de um cão raivoso. Vi seu desejo de me prender ali. Seria tarefa muito fácil – dizia, debochado e cruel.

Confesso que tremi e julguei que minha desencarnação estava prestes a acontecer. Por pura covardia, pensei em Deus e encomendei a alma.

Foi quando o Espírito intercedeu. Tinha um ar maroto e me pareceu estar muito à vontade. Mostrou o pequeno aparelho ao Senhor das Trevas, mas ele não se intimidou:

"Pensam que não previ isso? Acham que só os trabalhadores da luz têm suas defesas?"

E riu seu riso sardônico. Depois, ficou sério e foi-se aproximando. Devagar... Olhar fixo... De serpente. Seu cheiro era execrável. Lembro-me de que fiquei nauseado. Quis correr, mas minhas pernas não obedeceram. Poderia voltar ao corpo. Era só desejar e escaparia dali – pensei.

– João Pedro, disse-me o Espírito, não tenha medo. É isso que ele quer, pois o medo nos enfraquece, tira todas as nossas possibilidades de vitória. Fique onde está. Apenas ore. Vou precisar dos seus fluidos animalizados... Apassive, pois, a sua alma.

– Não me lembro muito bem o que aconteceu depois. Parecia me encontrar ausente, mas via como se tudo estivesse se passando longe de mim. Vi um clarão se projetar sobre o Senhor das Trevas. Ouvi um uivo que não era humano, nem de nenhuma fera conhecida. Depois se fez silêncio. Nenhum som se ouvia. Até as estranhas aves silenciaram. As cabeças no pântano ora imergiam ora emergiam, numa dança macabra. Eu via aquilo e me lembrava do inferno fantasioso de minha infância. Se realmente inferno existisse, aquilo não perderia nada a ele.

Foi então que vislumbrei Nayla. Não estava dentro do pântano como eu supunha, mas sim, sentada à sua borda. Estava dementada. Não me reconheceu de imediato e fui até ela:

– Nayla... Quero que me perdoe. Por minha culpa, você se matou... ou melhor, julgou se matar, pois viu que ninguém pode dar cabo da própria vida, não é? Oh, Nayla... por que não teve mais fé? Nayla... Diga alguma coisa...

Nayla me olhou com olhos ausentes. Parecia uma morta-viva. Aproximei-me mais, toquei-a e, mesmo assim, ela permaneceu ausente.

Meu acompanhante espiritual se aproximou:

— Não adianta, João Pedro. Ela não reagirá. Cometeu o suicídio e desencarnou achando que poria fim à vida. Julga-se morta e não quer acordar.

— Mas... A entrada na vida espiritual deveria ter-lhe mostrado que ela não morreu, afinal. Não entendo...

— Ela precisa de tratamento. Por enquanto, não quer acordar. Está em uma espécie de pesadelo, sob o comando mental do Senhor das Trevas. Ela lhe é passiva porque sabe que, se acordar, terá de enfrentar a situação pela qual se matou... Então, protela o quanto pode esse momento.

— Isso é terrível! Uma morte dentro de outra morte!?

— Sim, meu amigo. Conhecemos muito pouco da espiritualidade. Mesmo eu, que há muito estou do lado de cá, conheço pouco dos mistérios deste mundo. Mas já ouvi falar de mortos-vivos dormindo nas câmaras de retificação da colônia Nosso Lar. Como nunca acreditaram na vida após a morte, quando a desencarnação chega, eles acreditam que realmente estão aniquilados e se portam como tal, como se tivessem adrede se condicionados para isso acontecer.

– Por que ela não está no charco junto aos demais?

– Ela já esteve lá. Mas um dia, o Senhor das Trevas a retirou. Talvez tenha alguma ideia diferente para ela. É comum, nessa região, usarem-se Espíritos em forma feminina, que têm, ainda, os atrativos valorizados na Terra, para a prática do sexo aviltante. Mas... nesse caso... creio que ele a respeitará porque a ama.

– Será tal criatura capaz de amar alguém?

– Ama do modo dele.

– Meu Deus! Não permita que mais um espinho me dilacere a alma. Quanto mal fiz a Nayla!

Mércia ouvia, atenta. Irwing suspirou fundo e continuou:

– Era quase de madrugada quando retornamos com Nayla. Naquele estranho sono ela ignorava tudo o que se passava à sua volta. Improvisamos uma maca, pois Nayla não tinha condições de nos acompanhar espontaneamente.

Na volta, aqueles olhos sinistros nos seguiam, novamente. As aves barulhentas voavam tentando se aproximar, mas meu amigo se encarregava de afastá-las. Do Senhor das Trevas, nada sabíamos, e perguntei por ele.

— Ele não sairá de onde os Espíritos de luz o colocaram senão depois de muito tempo, quando se certificarem de que não mais corremos perigo. Na verdade, é um pobre coitado. Não tem tanto poder como julga ter, pois seus cúmplices o abandonam assim que percebem a luz — disse o Espírito amigo.

Em determinado trecho do caminho, o Espírito pediu que eu retornasse a meu corpo, pois o dia ia amanhecendo e eu tinha de repousar um pouco a fim de fazer frente a mais um dia de serviço na Terra. Eu sabia como fazê-lo, lembrou-me, ele.

— Mas... onde você vai deixar Nayla? — perguntei.

— Não se preocupe. Ela será encaminhada para uma colônia espiritual. Será bem cuidada. Fará tratamento para voltar à consciência. E há, também, uma coisa que você precisa saber.

Olhei-o com surpresa:

– Que coisa? Terei cometido mais algum crime do qual não me recordo?

– Não se trata disso. É que o Senhor das Trevas ama desvairadamente Nayla. Ela e ele já estiveram juntos por muitas encarnações, até que ele acumulou tantos débitos que não mais pôde acompanhá-la. Mas ficou sempre à espreita, esperando uma brecha para influenciá-la. De forma que você não é o único culpado pelo suicídio dela. Teve aí a mão desse avejão, ou melhor, a mente dele. Doravante, ele será seu companheiro indesejável de muitas jornadas, ainda... Fique atento.

Fiquei satisfeito, por que não dizer? Satisfeito por dividir meu erro. Temos, ainda, desses sentimentos pequenos dentro de nosso coração... Quanto a ficar atento para a obsessão do Senhor das Trevas, creio que me esqueci tão logo reencarnei novamente. Nayla (Cecília) deveria reencarnar futuramente. Estava nos planos futuros o nosso reencontro. Deveríamos sublimar aquele amor que sentíamos um pelo outro.

Mércia não interrompeu a narrativa do ex-marido, mas quando ele se referiu à reencarnação de Nayla, pensou: *"Pobre Irwing... Pobre Cecília. Nem nesta encarnação vocês se reequilibraram com a lei. Desrespeitaram, uma vez mais, a vida. Esqueceram-se de que*

Deus deixou o mundo assentado em leis perfeitas e justas, e que o espinho que ora nos fere, foi cultivado por nós mesmos".

Irwing continuou:

– Assim, despedi-me daquele Espírito e fiquei imaginando até que ponto ele precisou de mim para resgatar Nayla. Estou certo de ter sido apenas um doador de fluido animalizado, se tanto...

Mércia estava comovida. Ouvira em silêncio a dúvida de Irwing.

– Querido amigo... Você foi extremamente corajoso...

– Mas, de que me valeu ter ajudado, naquela ocasião, no resgate de Nayla, se recentemente a levei novamente para lá? Onde você acha que Cecília está agora? Acha que o Senhor das Trevas perderia a oportunidade de levá-la para seu reino de sombras, novamente?

– Tem razão. Infelizmente, você fez o que fez... Agora terá de ir resgatá-la mais uma vez... E assim será... Até você e ela aprenderem.

Irwing abaixou a cabeça, humilhado e triste. Mércia condoeu-se:

– Você teve, sem dúvida alguma, culpa, mas a

Nayla de outrora ou a Cecília de agora, também foi fraca. Ela sabia, muito bem, que não se deve atentar contra a própria vida. O sofrimento do primeiro suicídio não serviu para ela aprender... Infelizmente.

Já era quase manhã quando Irwing retornou ao corpo adormecido. Lembrou-se imediatamente de Mércia. *"Mércia, querida... quanta falta você me faz".*

Sentiu-se exausto como se tivesse trabalhado duro. Não conseguiu lembrar tudo com exatidão, mas sentia-se, ainda, temeroso de alguma coisa. Mas estava confiante. Aquela volta ao passado lhe fizera bem. Agora sabia que, de uma forma ou de outra, tiraria novamente das garras do incansável obsessor aquele Espírito reincidente por sua culpa.

Nos dias que se seguiram, ele não conseguia esquecer o quanto se passara no pântano àquela época, nem entender o estranho esquecimento que acometera Nayla. Embora os *flashes* não fossem tão claros, sabia que a retiraria mais uma vez de lá. *"O Pai é misericordioso."*

É espantosa a capacidade de nossa mente. As lembranças ficam gravadas e arquivadas, bastando um fato acontecer, relativo aos acontecimentos vividos, para que o passado, que parecia enterrado, ressurja com todo seu realismo. Assim, ultimamente, Irwing vivia sob duas realidades: a da reencarnação passada e a da presente. Vez ou outra, tudo se misturava e ele precisava amortecer as lembranças passadas, no que era sempre ajudado por seu guia espiritual.

O fato é que nosso cérebro não foi programado para recordações de mais de uma existência e, quando isso acontece com frequência, poderá haver desequilíbrio. Deus, na sua bondade, só nos permite relembrar o passado distante, quando for necessário para o presente, se isso somar ajuda ao nosso aperfeiçoamento. A justiça tem de ser praticada, mas Ele nos ajuda, com seu amor. Sempre coloca, ao nosso lado, um cirineu.

Na verdade, a lembrança de Irwing sobre os acontecimentos que vivera durante o sono, na emancipação da alma, não é um acontecimento tão usual, sendo até mesmo bastante raro. No entanto, em alguns casos, isso pode ocorrer quando a causa é muito importante e, principalmente, quando existe um grande interesse por parte dos Espíritos mais evoluídos, que solicitam essa intervenção ao mais Alto.

Capítulo Onze

Obsessão Sutil

*Somos artífices dos nossos destinos.
Se reclamações houver, façamo-las a nós mesmos.*

NO SEU QUARTO, JÁ DEITADO PARA DORMIR, IRWING pensava e repensava sua vida. Por que não conseguia ser feliz? Estava conseguindo criar os dois filhos, Maria Inês e Armandinho. Sabia que Mércia estava progredindo no mundo dos Espíritos. Ele já reparara parte de seu erro do passado, quando vivera como João Pedro, ao retirar Nayla das mãos do Senhor das Trevas, mas, infelizmente, na atual reencarnação, cometera com ela um erro pior do que o primeiro. Agora, preparava-se para ir, mais uma vez, em busca de Cecília.

Por que, então, sentia-se tão acabrunhado, como se estivesse sempre na iminência de ser atacado? Todavia, jamais vira quem assim o perseguia. Impossível – pensava – que o obsessor tivesse abandonado seu posto nas trevas para vir atormentá-lo. E, no recôndito de sua alma, lembrava a advertência ouvida alhures: "Cuidado! Ele sempre estará perto de você."

"Deve ser um Espírito esperto, pois não se deixa ver... e se eu não o vir, como poderei dar-lhe combate?" – perguntava-se.

O Senhor das Trevas sabia se insinuar, transmitir pensamentos de ódio, de infelicidade a Irwing, todavia, não se identificava. Mesmo assim, Irwing, às vezes, o pressentia junto de si e iniciavam um combate mental. Dardos de ódio. De vingança. O trevoso vencia na maioria das vezes, açulando nele a lembrança dos dois suicídios. É que o remorso abria suas defesas, e ele, infelizmente, esquecia-se quase sempre de que temos um Pai Criador que nos socorre quando solicitado.

Desde que fora derrotado pela Luz, o Senhor das Trevas não mais se afastara de Irwing, pois, perto dele, estaria também perto de Cecília. Infernizou o quanto pôde a vida dela e a de Irwing. Infundiu-lhes pensamentos de deserção, de morte. Naquele caso absurdo praticado por Irwing, o fantasma errante teve sua participação. Apesar do ódio que sentiu, do ciúme, tudo fez para que o crime se concretizasse. Sabia que Cecília não conseguiria, depois daquilo, continuar vivendo.

Assim, na triste noite do desenlace dela, ele estava lá. Já havia "trabalhado" a mente de Irwing e a de Cecília. Já lhes incutira desejos pecaminosos. E por encontrar reciprocidade e sintonia, manipulara-os como a marionetes:

"Que espera, Irwing, seu imbecil! Não vê que ela também o quer? Vai deixá-la para o estúpido marido da tia?"

"Vamos, Cecília. Essa vida não vale nada! Veja, ele, seu próprio pai a desrespeitou... que mundo é esse onde não se respeita uma criança?"

"Não... ele não é meu pai... agora sei... mas estou infeliz... quero morrer..."

"Sim, sim, claro. Morrer é a melhor coisa que você faz. Vamos, tome todos esses comprimidos que você tem aí. Ajudá-la-ei... Vamos... Liberte-se..."

E Cecília ouvia tudo e imaginava ser a resposta de sua consciência. O que, então, lhe restava fazer? Como encarar o pai adotivo dali para a frente? Como poderiam viver depois **daquilo?** Não! Melhor seria a morte... O esquecimento... A fuga.

Seu guia espiritual ainda tentou tirá-la daquela quase possessão que o Senhor das Trevas exercia sobre ela:

"Cecília! Repudie esses pensamentos! Eles não são seus! Você não quer morrer. Você ama a vida, Cecília. Vamos, ore comigo..."

Mas a menina estava muito distante em sintonia. Entregava docilmente a cabeça ao carrasco. Tinha pena de si mesma. E o vidro de sonífero estava ali... Ao alcance de suas mãos. E a morte não tinha olhos vazados, mas olhos de esperança... E não tinha vestes negras como a consciência culpada, mas era luz a chamá-la... E não tinha a foice na mão, mas uma rosa para lhe ofertar. O engano se veste, quase sempre, de ilusões.

De nada valeu a intervenção. Cecília estava conectada com as trevas. O sofrimento e a rebeldia confundiam-na. Assim, um grito de triunfo invadiu o quarto. As trevas, infelizmente, haviam vencido. E, no meio da noite, um vulto negro saiu carregando nos braços a criatura inconsequente e infeliz que não soubera valorizar a vida.

Capítulo Doze
Tentando resgatar Cecília

A persistência no erro
Insere a dor no roteiro.

V EZ OU OUTRA, I RWING PENSAVA EM F LÁVIA. Desde que enviuvara, ela sempre lhe demonstrara amizade... Talvez mais que isso.

Decidiu que qualquer dia iria vê-la. Talvez ela concordasse em viver com ele, ajudá-lo a criar os filhos... Era uma boa mulher, embora a vida duvidosa. *"Mas não preciso, necessariamente, casar-me com ela."*

E, deitado, finalmente adormeceu. Nos seus sonhos, viu-se enfrentando o Senhor das Trevas que, de tridente na mão, o encurralava. Não havia como fugir. Atrás dele, um precipício; na frente, o Espírito sanhudo: cabeça agigantada, saliva a escorrer pelos cantos da bocarra aberta, como um lobo famélico. Acordou, suado e trêmulo. *"Os desafios... até quando?"*

"Desde que me decidi a resgatar Cecília, que tenho esse tipo de sonho. Deus meu! Será que é uma premonição? Será que, desta vez, não o vencerei?"

Irwing sentia que precisava fazer alguma coisa para reverter tal situação. Começava a ter medo da noite. Ela lhe trazia estranhos vultos, acusações, soluços... E os sonhos sinistros lhe adoeciam a alma. Sabia que não era de todo mau, mas que muito já errara, e a consciência disso não lhe dava tréguas. Na presente encarnação, achara que venceria suas más inclinações, que conseguiria, como pai adotivo de Nayla, sublimar aquele sentimento possessivo do passado. Mas não! Mal viu a menina e o passado retornou. Implacável. O amor adormecido ressurgiu. Ele não teve forças para sufocá-lo. Também Cecília sentira ressurgir a antiga paixão todas as vezes que era por ele acarinhada.

Não há vitória sem luta. O mal só é extirpado de nós com a força da vontade, da determinação. E aí é que entra o papel da dor. Muitos perguntam por que

Deus permite o sofrimento de suas criaturas. Atribuem--no a castigos pelos erros praticados, etc. e tal, mas a verdade é que o sofrimento não é uma imposição de Deus. Ele **não** criou o sofrimento para nos atormentar. O sofrimento é pura decorrência dos nossos atos tresloucados e Deus o permite para o nosso próprio bem. Se o abolisse, jamais progrediríamos. Somos criaturas imaturas, nunca queremos nos esforçar o quanto precisamos. E a dor é o aguilhão que nos empurra. Funciona também como freio. Tão logo aprendamos a respeitar as criaturas, a amá-las, ele deixará de existir. "O justo herdará a Terra" – a Terra transformada do terceiro Milênio.

Irwing havia renascido, mais uma vez, contando com o benefício da mediunidade a fim de que pudesse, por meio dela, praticar a caridade e aliviar seu carma negativo. Conseguia fazer viagens astrais com muita facilidade. Deixava seu corpo adormecido sobre a cama e, quase inteiramente consciente, assistia os necessitados. Apesar de tudo fazer para minorar a dor do seu próximo, sentia-se sempre perturbado pelo obsessor invisível. Sempre que se desligava do corpo material pelo sono, procurava quem o atormentava, mas nada via além de figuras estranhas que bailavam ao seu redor, como fantoches vivos.

Naquele dia, assim que saiu em corpo perispirítico, sondou o ambiente. O pequeno quarto o asfixiava. As lembranças, sempre mais nítidas quando adormecido o corpo, assaltavam-no. Que fizera de sua vida? Por que, de repente, tudo ruíra a seus pés? Por que tivera aquela atitude infame com Cecília? Não! Não podia se perdoar. Estaria ele fadado a ser sempre um torto na vida?

Esfregou os olhos, tentando ver melhor. Mero costume. Inócuo naquela ocasião. Não percebia muito bem, mas era certo de que não estava sozinho. A criatura que viera buscá-lo a fim de visitarem as trevas era uma sombra sem contornos. Por mais que ele tentasse, não conseguiu lhe ver os traços. Tão somente sentiu suas vibrações. E eram agradáveis. Então, todo seu aporrinhamento desapareceu. Agiria no limiar das cavernas (aos trabalhadores encarnados não era permitido aprofundar-se caverna adentro), em missão de socorro; desafiaria, mais uma vez, o poder do Senhor das Trevas, porém o amor do Cristo Jesus lhe daria guarida.

"Façamos antes uma prece ao senhor da vida" – Hélio, o Espírito amigo sussurrou-lhe aos ouvidos.

Soubéssemos nós o valor da prece sincera e não seríamos tão parcimoniosos em fazê-la. Ela modifica nosso tônus vibratório e nos reergue para Deus.

Irwing obedeceu. Olhou seu corpo estirado na cama. Estava envelhecido – pensou –, mas não teve muito tempo para refletir. Sua alma quedou-se, mais serena, lembrando sua tarefa. Defrontar-se-ia, em poucos minutos, com as forças trevosas. Estremeceu. Foi repetindo as palavras do seu acompanhante espiritual:

"Meu Pai de amor e de misericórdia. Bem sabemos que não temos nada que nos recomende ao vosso amor, senão nossa boa vontade em ajudar aqueles que sofrem ainda mais do que nós mesmos. Porque sabemos da Vossa infinita paciência e do Vosso imensurável amor, é que nos dirigimos a Vós, ó meu Deus. Sabemos, senhor da vida, que de nós mesmos nada temos, mas que sempre podemos contar com Vosso amor quando nos propomos a trabalhar no bem, na Vossa seara, a fim de podermos quitar um pouco nossas promissórias presentes e passadas. Ah, senhor... quanto Vos devemos! Quão grande é nosso débito na conta da vida! Pai nosso..."

Então, foi atraído para um lugar estranho. Olhou aquela paisagem desoladora. Estava assustado. Era a primeira vez, naquela existência, que deixava seu corpo a fim de enfrentar o Senhor das Trevas em seus domínios. Resgataria Cecília que, conforme já dito, novamente cometera suicídio. Dessa vez, levada pelo crime daquele que lhe devia respeito, amor paterno e retratação.

— Irwing, concentre-se no seu trabalho. Aqui, não basta a palavra fácil... É preciso que os sentimentos estejam sintonizados com o Alto — esclareceu o Espírito que o acompanhava.

A noite escura tornava o lugar mais assustador. Insólitos ruídos misturados a gritos desalentadores, gemidos, acusações, tudo... Tudo parecia a Irwing um mundo à parte... misturado a uma realidade que era sua. Desgraçadamente sua! Ali estava o local onde Cecília deveria estar. Sabia que ali haveria de retornar em outras vezes, se conseguisse sair-se bem naquela tarefa. Já lhe fora adiantado e aceito por ele tal alvitre, pois, não apenas Cecília, mas outros sofredores aguardavam-lhe a ajuda fraterna.

— Nada tema. Estamos a serviço de Jesus — disse o Espírito Hélio.

Mais tranquilo, aproximou-se.

Então... O Senhor das Trevas apareceu.

Assustador em seu traje negro, o avejão, com todo o seu séquito de comparsas, surgiu à frente de Irwing.

Olhou-o. De seus olhos injetados, partiram faíscas que cegavam o trabalhador do bem.

O susto de Irwing foi tão grande, que ele mal se sustentava sobre as próprias pernas. O medo tomou conta dele.

Esqueceu, então, o que ali viera fazer. Repentinamente, algumas formas-pensamento começaram a bailar à sua frente. O chão lhe faltou. A cabeça rodopiou. O Senhor das Trevas ria, e seu riso fez com que estranhas aves também o imitassem. Então, para seu maior escarmento, surgiu, não se sabe da onde, um redemoinho carregando criaturas medonhas que passaram por ali qual bólido mal governado, gruindo como loucas aves.

Toda força e fé, com que tinha iniciado sua intenção salvacionista, foram-se como penas ao vento. O medo foi mais forte. A confiança em Deus e na espiritualidade superior ainda não estava suficientemente consubstanciada. Perdeu facilmente a conexão com Hélio. Então, retornou atabalhoadamente ao corpo adormecido em seu quarto. Sentiu-se mal pela violência da entrada perispiritual no organismo denso. Fracasso total. Seria impossível o trabalho naquela noite.

Acordou sobressaltado, como se tivesse sido arrojado com a força descomunal de mil gigantes. Transpirava. Seu coração batia arrítmico. *"Mas que monte de geleia que eu sou!"*

Tentou se levantar, mas estava paralisado.

"Meu Deus! Creio que desencarnei! Fui mexer com as trevas e veja no que deu... Estarei morto? Ou em coma? Aquele Espírito... O Senhor das Trevas... Ainda sinto seu olhar sobre mim. Mas... Não entendo... O Espírito que me ajudaria desapareceu."

Mal acabou de falar e ouviu nos tímpanos espirituais:

— Foi você quem desapareceu, mas não se preocupe. Sua reação foi normal... É a primeira vez, nesta reencarnação, que você enfrenta o Senhor das Trevas nos domínios dele. E eu já sabia que isso aconteceria. Acontece sempre nas primeiras vezes. É que você não se lembra, mas como João Pedro, também se acovardou na primeira vez em que se defrontou com tal criatura.

Irwing se enfureceu.

— E só agora você me diz isso?!

— Ora, você não perguntou — falou com bom humor o Espírito.

— Aquele Espírito é horrível!

– Não diga isso, Irwing, que ele pode ouvi-lo. Ele sempre aparece quando menos se espera. Daí...

– Cruz credo! Nunca mais quero vê-lo... Devo reconhecer que ele é mais forte do que eu. Desisto.

– Não deve pensar assim, meu amigo. Se já se sente derrotado na primeira batalha... Vamos, a guerra ainda está longe de acabar. Você o verá, ainda, muitas vezes. E você até que não tem se saído tão mal nas contendas mentais que fazem. Principalmente quando se lembra de orar e pedir paz também para ele. Parece até que você está desenvolvendo algum carinho para com ele – falou Hélio, rindo dessa última observação.

– Não aposte nisso! – e se persignou.

– Você está falando sob emoção. Mas bem sei que não é covarde e que tem um compromisso com o Cristo Jesus. Agora não se lembra, mas prometeu usar sua mediunidade a serviço do bem. Eu prometi ajudar, mas também tenho limitações...

Irwing continuava sem se poder mover. Incomodado e um tanto irritado, falou:

– E afinal de contas, o que está acontecendo comigo? Por que estou sem poder me mexer e tremendo qual gelatina? Você não pode me ajudar?

– Claro que posso.

— Então... Por que não ajuda?

— Porque você não me pediu, ora essa!

Irwing estava confuso. Nunca imaginou que os Espíritos também tivessem senso de humor. Tentou recordar em que época já convivera com ele. Tudo lhe vinha à mente como que envolto em tênue véu. Sabia, porém, que forte amizade os unia.

— Está bem... Muito engraçado... Agora, me livre dessa encrenca.

— Com prazer, mas só depois que você pedir.

— Mas eu acabei de pedir!

— Não. Você não pediu. Você **mandou**. É diferente. Faltaram aquelas duas palavrinhas...

— Ahn... As duas palavrinhas... Por favor! Ajude-me.

— Agora entendi seu recado.

Ainda com um sorriso brejeiro, aproximou-se de Irwing. Concentrou-se e orou aplicando-lhe recursos magnéticos.

Só então ele pôde se levantar. Já ia saindo da cama, esquecido do Espírito, quando o ouviu:

— Está tudo bem?

— Agora, sim. Já não suportava mais.

— Bem, então, amanhã conversaremos sobre o ocorrido lá no charco. Você vai entender melhor, vai saber como se defender. E eu estarei vigilante, mas lembre-se de que a luta é sua. Não vou e nem quero fazer aquilo que lhe compete, que não sou sua babá.

— Mas... E o amor cristão? E a caridade?

— Estarão presentes, sem dúvida. Irwing, não confunda as coisas. Você, como sempre, está querendo o colo de mamãe. No entanto já está bem crescidinho. Assuma suas responsabilidades, seus deveres. Você mesmo decidiu que assim deveria ser.

Irwing ficou decepcionado. Esperava que lhe passassem a mão pela cabeça, mas lhe lembravam suas responsabilidades perante a vida. O Espírito amigo ainda lhe disse na mesma linguagem do pensamento:

— Meu amigo, chega uma hora em que temos de encarar nossas necessidades espirituais, e você não estará só. Além de mim, contará com a ajuda de um mentor grandemente diferenciado que nos ajudará.

— Ahn... Agora me sinto mais tranquilo. Quando poderei ver esse amigo?

— Não poderá vê-lo. Eu tampouco. Ele nos ajudará à distância... Como o raio de Sol que visita o pântano, apesar da distância em que se encontra.

Desnecessário dizer que essa conversa era de mente a mente. De pensamento a pensamento, porém, tão real como se tivesse sonoridade. O amigo desencarnado continuou:

— Irwing, desculpe-me pelas risadas. Não pude me conter. Você é hilário...

Irwing também riu. O medo ainda não havia passado completamente:

— Então, até a próxima... Espero que essa próxima se demore até eu parar de tremer.

O Espírito não foi embora, conforme Irwing julgou, mas ficou ali, olhando-o, como se esperasse, ainda, mais alguma coisa, e Irwing sentiu sua presença:

— Você não disse que iria embora?

— Disse.

— O que espera, então?

— Espero as outras duas palavrinhas...

Foi a vez de Irwing cair na risada.

— Desculpe-me. Muito obrigado — disse com ênfase.

— Agora sim, posso ir-me.

Já ia saindo, quando retornou e disse:

– Não é que eu faça questão... É que vocês, encarnados, precisam aprender que nós, Espíritos, não somos seus criados.

– Ah... É...

– E sabe do que mais? Não estranhe meu senso de humor. Vivenciar o Evangelho de Jesus não é se mostrar sempre sisudo. Jesus é alegria, meu caro.

Despediram-se com um largo sorriso. O Espírito se foi, com a promessa de retornar assim que possível.

Capítulo Treze

Mediunidade:
Ferramenta de trabalho

*Queixas ou revoltas não diminuem
saldo devedor no banco divino.*

IRWING CONTINUOU, AGORA COM MAIS EMPENHO, A frequentar uma casa espírita. Precisava adquirir forças para combater o Senhor das Trevas, pois embora ele não se mostrasse, os duelos aconteciam sempre.

Chega uma hora na qual somos defrontados com situações inusitadas. Hora dos testes? Hora de mostrar se realmente estamos qualificados a subir um degrau a mais na nossa ascensão? Parece-me óbvio.

Irwing, como dissemos, era portador de mediunidade. Possuía a facilidade de se desdobrar e atuar fora de seu corpo material e quase sempre se recordava de suas atividades. Mediunidade francamente aflorada, pois seria ela sua ferramenta de trabalho nos resgates necessários.

Na casa espírita, descobriu algo surpreendente: o Senhor das Trevas, quando não podia estar presente, deixava em seu lugar formas-pensamento apavorantes: ideoplastias, criações mentais de vida fictícia, que permaneciam no ambiente enquanto alimentadas pela vontade do seu emissor, que podia enviá-las, mesmo à distância.

Sabemos que o pensamento é, para o desencarnado, o que as mãos são para o encarnado. Cria-se o bem e o mal através dos pensamentos. "Ao pensar no mal, já o mal está feito". E os pensamentos podem adquirir forma, movimento, cheiro e até cor.

No início do Espiritismo, muitos cientistas se ocuparam dessas questões. Ernesto Bozzano, no seu livro *Pensamento e Vontade*, nos desperta para essas realidades. André Luiz, em um de seus livros, nos fala de uma senhora desencarnada que era atormentada pelas formas-pensamento que ela mesma criara. Como era católica, acreditava fielmente em diabos e nos seus poderes punitivos. E, tanto pensava neles, nas figuras bíblicas que tinham ilustrações de demônios, que a figura do diabo com seus chifres, rabo e pés de bode ficou gravada em sua mente. E ela as alimentava dia após dia, fortalecendo-a, criando um decalque mental. Então... onde quer que estivesse, a tal forma-pensamento estava junto, e a pobre mulher, ao desencarnar, continuou alimentando tal imagem e se sentindo perseguida pelo demônio.

Infelizmente, poucos de nós plasmamos formas-pensamento positivas.

Irwing, sabendo-se grande devedor perante a Lei, vivia a remoer seus remorsos e a desejar, de forma até inconsciente, uma punição. Dessa forma, não foi difícil ao Senhor das Trevas atender a sua solicitação inconsequente bem como fortalecer ainda mais aqueles pensamentos de autopunição. Fortaleceu os já existentes e ainda criou outros.

Tais formas adquiriram vida aparente, fictícia, que flutuavam ao seu redor, ao redor da usina mantenedora, ou seja, seu pensamento e vontade inconscientes.

Assim, via-se constantemente perseguido. Era juiz de si mesmo e aplicava a sentença sem nenhuma compaixão.

Na casa espírita, estava aprendendo a se livrar dessas ideoplastias, a criar outras de amor, abnegação, prestação de serviço fraterno... O amor cobre a multidão de pecados. Isso não é folclore, mas realidade inconteste.

Irwing era ainda um grande devedor perante a lei divina. Ele sabia muito bem disso, todavia, doravante daria uma oportunidade a si mesmo. Abraçaria a causa dos trabalhadores da luz e seria um deles. Sem remorsos improdutivos ou queixas desnecessárias. É essa, afinal de contas, a finalidade das reencarnações. Sofre-se até aprender. Cai-se até conhecer a geografia do caminho, quando, então, se evita os acidentes de percurso. A Lei é simples, porém, tornamo-la dolorosa e complexa.

Capítulo Quatorze

Doença: aviso do corpo

Na dor, nossa primeira reação é culpar o destino, mas o destino é feito por nós todo dia. Paz? Felicidade? Pratiquemos Jesus.

DOMINGO. UMA CHUVA MIÚDA MOLHAVA AS RUAS da grande metrópole paulistana. Em um hospital público, uma mulher jazia deitada. Esquelética. Sem nenhuma esperança. A doença lhe minava as energias dia após dia.

Algumas mulheres rodeavam-lhe o leito na tentativa de levantar-lhe o ânimo. Eram suas colegas de "profissão" que vinham lhe trazer um pouco de reconforto à alma abatida. Estavam também amedrontadas. Viam a antiga colega sendo arrebatada pela AIDS. Apesar de tanta informação a respeito e das campanhas preventivas, a maioria ainda relutava em tomar os cuidados que a doença exige. Na verdade, sempre achamos que "essas coisas" só acontecem com os outros. E quando somos surpreendidos...

Flávia, sempre risonha, não podia acreditar que "aquilo" que ali estava fosse a mesma Geórgia, sua companheira na prostituição; a introspectiva Geórgia, que entrara para o meretrício, digamos, por ignorância. Era, então, uma roliça italiana. Escolhera o Brasil para ser sua pátria do coração, e também na esperança de encontrar o amor de sua vida, um brasileiro que lhe arrebatara o coração um tanto ingênuo.

Em aqui chegando, fora roubada. Levaram-lhe tudo. Dinheiro, malas e documentos.

Geórgia desesperou-se. Havia saído sem o consentimento da família e agora achava humilhante ter de pedir socorro a ela. O orgulho sempre abre portas ilusórias que acabam por nos levar direto aos braços do infortúnio. Tolices de nossa alma quando quer parecer mais forte do que realmente o é.

Encontrava-se chorando, desnorteada, à beira do cais, na cidade de Santos, quando conheceu Flávia e se tornaram amigas.

Flávia levou-a consigo para uma casinha amarela, antiga, alugada por ela e localizada em uma das ruas transversais que levam ao porto. Naquela época, Flávia não era uma prostituta comum. Escolhia seus fregueses e agendava seus programas. Nunca os atendia onde eles queriam, mas somente em sua casa. Dessa forma, quase nunca precisava ficar nas esquinas se oferecendo ou fugindo da polícia, truculenta para com a classe.

A amizade com Geórgia foi espontânea de ambos os lados. Foram à polícia local a fim de dar queixa sobre o roubo sofrido. Deveriam procurar o Consulado Italiano, orientaram-nas. Mas essa providência era sempre adiada, não dispondo, Flávia, de muito tempo para acompanhar a amiga.

Geórgia não queria levar a mesma vida que Flávia. Sentia pena ao vê-la ganhar a vida daquela forma. Antes morrer do que mercadejar meu corpo – dizia. Assim, arrumou um serviço de babá em uma boa família santista. Sentia-se, se não feliz, pelo menos conformada. Pretendia ir ao Consulado Italiano resolver seu problema e, quem sabe? Casar-se e ficar por aqui mesmo, pois dizia que a Itália era apenas o lugar onde nascera, mas que o Brasil era sua pátria de coração. Pretendia, mais tarde, comunicar-se com sua família e se desculpar pela fuga. Já havia perdido a esperança de encontrar o seu amor bandido, que a conquistara e depois a abandonara.

Passaram a dividir o aluguel da casa e eram relativamente felizes.

Foi no Consulado Italiano que suas esperanças começaram a morrer.

Conheceu lá um rapaz, um mau caráter, que a iludiu com promessas que nunca cumpriu. Geórgia engravidou e, antes que os patrões descobrissem, pediu demissão, dizendo que voltaria para a Itália. Mas nunca mais voltou. Também nunca mais viu o tal rapaz.

Flávia prometeu ajudá-la. Geórgia não faria aborto. Aquele serzinho que se desenvolvia na quentura do útero materno, viria à luz. Nada lhe faltaria e seremos uma família – dizia Flávia, até feliz.

Mas a vida assim não quis. No segundo mês de gestação, Geórgia teve um aborto espontâneo. Ambas choraram aquela perda. Mas a vida tinha de continuar.

Passado o tempo de resguardo, as amigas tiveram uma séria conversa. A vida não estava fácil. O senhorio subira o aluguel. Fregueses não faltavam, mas o dinheiro era pouco. Além disso, tinha de contar, agora, com o serviço remunerado de um cafetão, porque a bandidagem na cidade aumentara e muitas vezes Flávia não conseguia receber o pagamento do "serviço" prestado.

Geórgia estava tentando, havia muito tempo, arrumar um emprego, mas a falta de documentos e a situação de ilegalidade na qual se achava, nunca permitiram.

Então... Numa noite de sábado, ela debutou naquilo que chamamos "vida fácil". Porém, nunca se acostumou. Censurava-se. Sua autoestima caiu a zero e lhe era um tormento tal situação. E pouco a pouco as pequenas alegrias foram rareando até se extinguirem por completo. Sua alma murchava, qual planta na ausência de água.

Foi então que começou a pensar mais seriamente na morte. Não havia outra saída honrosa, pensava. Deixar aquele corpo ultrajado debaixo da terra fria... Abandonado aos vermes... Esquecer... Esquecer aquelas noites quando vendia seu corpo para mantê-lo vivo, conquanto tivesse morta a alma.

A amiga Flávia sempre tentava levantar-lhe o ânimo. Não era tão pudica assim. Dizia-lhe que já nascemos com nosso destino traçado, que não adianta tentar fugir. Mas Geórgia assim não pensava. Ela mesma fizera seu destino. Tivesse ouvido os conselhos dos amigos, a voz de sua consciência, não estaria naquela situação. Fora suficientemente adulta para escolher seu caminho. Se não soubera fazê-lo, que assumisse agora as consequências.

Flávia foi até a janela daquela enfermaria onde Geórgia esperava a morte como sua salvadora. Deu curso aos seus pensamentos e lembrou a noite em que conversaram durante muito tempo sobre o que ele dizia chamar-se destino líquido e certo:

"Não entendo o destino dessa forma, Flávia. Se todos já nascêssemos com ele traçado, então... como culpar os criminosos? Não acha você que eles não poderiam ser presos e sentenciados, uma vez que o que fizeram deveu-se ao destino ingrato?"

"Humm... temos aqui uma filósofa. Não sei nada disso. Mas ainda acredito no destino" – teimou Flávia.

"E em Deus? Você acredita?"

"Claro. Sou católica..."

"Sei... mas você acredita em Deus?" – tornou Geórgia.

"Pois claro que sim, ora essa."

"Acha que Ele, sendo Deus, não faz nada errado?"

"Acho."

"Tem certeza, não tem?"

"Absoluta. Você não tem? Não acha que Ele faz tudo certo?!"

"Claro que confio em Deus e acho que Ele faz tudo certo."

"Então... concorda comigo sobre o destino?" – perguntou Flávia.

"Destino já determinado? Claro que não! É porque acho que Deus é justo que não acredito no destino predeterminado. Dar aleatoriamente um destino a alguém, partindo do pressuposto que tal criatura ainda não viveu e, portanto, nada tem de méritos ou deméritos, de vícios ou de virtudes é, no mínimo, falta de amor. E Deus é amor."

"Então, filósofa... diga-me o que você pensa."

"Ora, se Ele já nos desse, ao nascer, um destino, por que haveríamos de lutar para as conquistas? As conquistas tanto materiais quanto espirituais? Já não está tudo decidido? Pra que vamos nos *ralar* na vida? O rico não será sempre rico, o miserável sempre miserável, o infeliz sempre infeliz, etc... porque assim está na sua carta da vida? Porque Deus já bateu o martelo? Porque seu destino, infelizmente, foi programado em um dia em que Deus estava de mau humor? Ora, dá licença... isso é um atentado à nossa inteligência."

Flávia lembrava que ficara sem meios de responder e Geórgia continuara:

"Se meu filhinho tivesse nascido... se eu tivesse outros, haveria de dar a todos eles o mesmo tratamento, as mesmas oportunidades. Amá-los-ia da mesma forma. Então Deus, nosso Criador, que é todo amor e justiça, jamais faria um filho feliz e outro infeliz... um saudável e outro doente... um feio e um bonito... como se a vida fosse uma roleta russa..."

"Então..."

"Não sei bem... mas acho que já vivemos muitas vezes... O que passamos hoje nada tem de destino pronto ou de injustiça, como parece numa análise superficial. São consequências de atos passados... Também pode ser de atos presentes... Eu sinto isso... Sinto que não estou de coitadinha nessa história. Devo ter errado muito em outras existências, e nesta, em que deveria me corrigir, equilibrar-me com a Lei, equivoquei-me novamente. E a reação veio naturalmente."

Flávia, agora, recordava tudo isso olhando a rua movimentada, os carros que passavam céleres, os pedestres... Cada qual carregando sua bagagem: Felicidade, amor, ódio, incerteza, infelicidade. Alguns, vergados pelo peso descomunal da dor; outros, ainda virgem no real sofrimento. Risos e lágrimas na barafunda da vida.

A insatisfação lhe trouxe um gosto azedo de derrota, de impotência. Não era justo. Geórgia era, de longe, a melhor pessoa que até então conhecera. Por que estava ali, definhando, cultuando a morte como porta de salvação? Por que a maldita doença escolhera seu organismo jovem e perfeito para fazer ali seu ninho?

Todas as colegas de Geórgia já haviam saído. A sós com Flávia, ela conversava. E quem consolava a visita era a doente:

– Flávia, onde está sua coragem, amiga? Por que tanta choradeira? Ora essa... Minha vida não vale nada. Eu a tornei nojenta!

– Você agora deu pra falar sandices. Isso não é justo. Não é! Você sempre foi tão boa... E a vida sempre lhe foi adversa... Se justiça houvesse...

– Que sabemos nós de justiça? Não se esqueça de que estamos tendo uma visão unilateral da vida. Você diz que sempre fui boa... Não sei, não...

Geórgia interrompeu o que ia dizer. Olhou para Flávia, que ainda chorava, tomou suas mãos entre as suas:

– Vou morrer? E daí? Isso é para mim uma bênção. Não poderia mais continuar a viver dessa forma... Desculpe-me, amiga, não quis ofender você. Mas viver assim... Viver?! Podemos chamar a isso de vida? Oferecer nosso corpo a troco de dinheiro? Esquecer a alma pela imposição do estômago? Para mim, esse dinheiro sempre foi maldito... Um dinheiro que sempre queimava em minhas mãos. Que enrubescia meu rosto. No entanto... Ai, Flávia... deveríamos recorrer à caridade pública antes de mercanciar nossos corpos.

– Geórgia, estava ainda agora recordando nossa conversa sobre o destino. Você se lembra?

– Claro que sim. Agora, mais do que nunca, sei que Deus não faz o nosso destino; que apenas colhemos nossa lavoura. De flores ou de espinhos. Deus nos ama, apenas respeita a nossa vontade, mas não nos exime das consequências dos nossos equívocos. É um Pai compassivo e amoroso, que não interfere no nosso crescimento espiritual... Perdoasse Ele todos os nossos enganos e jamais aprenderíamos a lição. Amar também é saber esperar por nosso crescimento.

– Geórgia, como pode ser tão sábia com a pouca idade que tem?

– Nem sou tão sábia, nem tão jovem.

Risos.

A enfermeira entrou para fazer a medicação. Olhou para Flávia e sorriu:

— E essa nossa amiga aqui? Deu muito trabalho pra você? Queixou-se das picadas que tem recebido?

— Não, enfermeira. Essa nossa amiga não se queixa de nada.

— É que nada tenho para me queixar... Aqui são todos bons para comigo. Nem sei como agradecer... Só Deus poderá recompensá-los por tanta paciência.

Quando a enfermeira saiu, Flávia perguntou:

— Geórgia, você tem dores?

— Às vezes, sinto-me sufocar... Falta-me o ar... A febre me faz delirar... A pneumonia maltrata, mas sou cristã e peço sempre a Jesus que me ampare. Apesar de saber-me uma pecadora, lembro-me que Ele não quis julgar a mulher adúltera; que surpreendeu os executores da lei dizendo-lhes que aquele que estivesse sem pecado atirasse a primeira pedra.

— Essa mulher era a tal Maria Madalena?

— Claro que não! Essa mulher é outra! Muitos fazem essa confusão, mas Maria Madalena, ou Mírian de Magdala, sempre fora um Espírito diferenciado, que levava uma vida equivocada por falta de um conhecimento e falta de fé nas religiões da época, mas quando encontrou Jesus, rendeu-se aos seus ensinamentos e mudou radicalmente sua vida. Também sei que ela foi aceita no trabalho messiânico Dele, apesar de ter tido até ali uma vida de erros. Isso me reconforta, dá-me forças para resistir. O sofrimento é atroz, todavia... se até Jesus sofreu na cruz e era inocente...

— Como você sabe de tudo isso?

— Tenho a visita semanal de uma boa samaritana que me traz muitos livros espíritas — e pediu que Flávia olhasse seu armário e também lesse tais livros.

O que mais magoava Flávia era ver que toda a beleza de Geórgia se fora. Todo o seu corpo perdia a vitalidade. Tornara-se uma sombra do que fora. Sua pele parecia colar-se aos ossos e seus olhos eram dois faróis mortiços... quase se apagando. Mas a alma... essa... agigantava-se; não temia a morte, porque sabia que nada poderia apagar a partícula de luz que todos somos e que é herança de nosso Criador. Assim, à palidez do corpo, sobrepunha-se a luminosidade da alma.

— Você é tão boa, Geórgia... por que...

— Tento, hoje, ser boa. Mas nem sempre foi assim. Depois, não posso garantir que procedo dessa maneira por espiritualidade superior. Pode ser que seja covardia mascarada pela impotência em reverter os fatos. Sei lá... cada qual carrega suas deficiências... nossa alma é tão cheia de mistérios...

— Ora... você está sempre procurando defeitos com que possa se punir. É muito severa consigo mesma, minha amiga!

— Não. Isso é engano seu. Não procuro defeitos, apenas sondo minhas tendências. Por intermédio delas, posso imaginar o que fiz no passado. Não tenho mais dúvidas de que tivemos e teremos outras existências. E, graças ao sofrimento, fui buscar lá atrás as razões, uma vez que hoje, não encontro, realmente, motivo suficiente para tantos sofrimentos.

— Amiga... Vamos mudar de assunto. Esse está muito tétrico. Você nunca quis me falar desse grande amor de sua vida. Desse amor que a fez largar tudo na Itália para se aventurar por aqui.

— Hoje, reconheço o quanto fui imatura. Minha família tinha razão. Mas foi um amor arrebatador. Até então, nunca havia-me apaixonado de verdade. Quando conheci meu "brasileirinho", conforme eu o chamava, achei que nada mais tinha significado para mim a não ser ele. Você já esteve apaixonada alguma vez, Flávia?

— Creio que não. Nunca encontrei nenhum homem que merecesse o meu amor. Tive vários namorados, mas nenhum deles me arrebatou. Nunca amei nenhum deles mais do que cinco minutos.

Riram até chorar. Riso nervoso.

— Mas... por que não deu certo, Geórgia? Não havia amor da parte dele?

— Ele dizia que sim, que eu era a mulher da vida dele. Mas quando minha família começou a pressionar, ele caiu fora. Deu uma desculpa qualquer... disse que voltaria ao Brasil e depois mandaria me buscar... que não poderia permanecer muito tempo na Itália, que tinha compromissos aqui...

— Então, você resolveu vir procurá-lo... Achou que o Brasil fosse do tamanho de uma província italiana?

— Acho que não pensei nada. Apenas embarquei e vim. Depois... Bem... Depois, você já sabe.

Flávia percebeu que Geórgia estava cansada. Ajeitou-lhe o travesseiro, cobriu-a.

— Vou deixar você repousar. Já falei demais. Amanhã retornarei. Quer alguma coisa? Alguma coisa diferente? Comida de hospital é tão insossa...

— Obrigada. Não quero nada. Não tenho apetite. Só vou lhe pedir um favor.

– Diga. Farei tudo o que for possível e lutarei pelo impossível.

– Amanhã, quero lhe ditar uma carta. Para minha família na Itália.

– Trarei papel e caneta. Agora, descanse.

Beijou o rosto emaciado da amiga. Mais uma vez, perguntou-se aonde fora toda aquela exuberante beleza. Geórgia parecia, agora, uma sombra.

No corredor, Flávia deu livre curso às lágrimas.

Capítulo Quinze
Uma estranha mulher

O mal vem sempre disfarçado.
Quantas vezes nos encantamos com ele!

IRWING PENSAVA EM SE CASAR NOVAMENTE. *"A Flávia... se não fosse seu modo de vida..."*. Ainda não pudera se comunicar com ela. Havia-lhe escrito e a carta voltara com um carimbo do correio: mudança de endereço.

 Havia perdido o contato com ela desde aqueles dois dias em sua casa, quando ela tanto o ajudara. Os terríveis acontecimentos que não podia esquecer e que lhe desequilibravam a alma, impediram-no de procurar por ela. A vida, no entanto, estava sendo difícil, e ele via em Flávia uma boa amiga. Talvez pudesse convencê-la a mudar de vida e ficar com ele, ajudando a criar Maria Inês e Armandinho, que se ressentiam da falta da mãe.

Flávia sempre fora muito discreta, apesar da profissão, e ele sentia que ela bem que gostaria de mudar de vida. Talvez ele lhe desse essa oportunidade. Seria como um ato de amor e compreensão. Ele se sentia perfeitamente capaz de entender e esquecer seu passado, afinal, ele também não era um torto na vida? Não cometera um crime mil vezes pior do que a vida que ela levava? Ela, pelo menos, não tirara a vida de ninguém – pensava. – Se fossem sua vida e a dela colocadas na balança...

Hélio, o amigo espiritual, viria à noite buscá-lo. Deveria levá-lo, enquanto o corpo repousava, a um hospital de doentes de AIDS em fase terminal. Com seus fluidos animalizados, ele aliviaria um pouco a dor daqueles infelizes.

Irwing ajudou Maria Inês e Armandinho nas lições de casa. Depois de colocá-los na cama, também ele foi se deitar. Sabia que naquela noite ajudaria alguns sofredores. Era sempre assim. Ou ia às furnas infernais resgatar alguém, ou a hospitais ajudar aqueles que deveriam se desencarnar em breve. Seu amigo Hélio sempre lhe dava a programação da semana. Ele executava sua tarefa com muito amor. Assim, pensava, diminuiria seus débitos perante a lei de Deus. Somente o Senhor das Trevas não via com bons olhos esse novo Irwing e recrudescia em seus ataques.

Irwing tentou fazer as preces costumeiras. Percebeu que não conseguia se concentrar. Sua cabeça parecia envolta em nevoeiro. Tentou ficar calmo, não poderia enervar-se, pois isso prejudicaria o serviço espiritual de logo mais. Levantou-se e foi até o jardim. A Lua fazia seu giro preguiçoso olhando de longe o casario antigo do bairro onde ele residia com os dois filhos.

Na rua, uma mulher de mais ou menos trinta anos dirigiu-se a ele e lhe perguntou alguma coisa que ele não entendeu no momento.

— Pode repetir a pergunta?

— Claro. Desculpe-me interrompê-lo nas suas meditações. É que preciso ir até a rodoviária e não sei que condução tomar. O senhor pode me ajudar?

Irwing abriu o pequeno portão e saiu à rua. Aproximou-se mais. Olhou-a. Ela retribuiu com um olhar enigmático, um olhar satânico, que queria infiltrar-se dentro dele... Possuí-lo.

Irwing sentiu uma sensação estranha. Mas nada temeu, antes, queria prolongar aquele encontro. *"Que mulher! De onde terá vindo? Por uma mulher assim eu iria até ao inferno."*

A mulher sorriu. Parecia ler a mente de Irwing.

– Sou Hercília. Muito prazer – e estendeu-lhe a mão, em cujos dedos refletiam o brilho de muitos anéis.

Irwing ficou abobalhado por alguns segundos. Só quando ela repetiu seu nome foi que ele também se apresentou.

Era, de fato, uma mulher insinuante e Irwing não conseguia desviar os olhos dela. Deu-lhe a informação solicitada, mas protelava a despedida. Ela também não parecia ter pressa.

– Você mora por aqui, Hercília?

– Sim, somos quase vizinhos. Moro no quarteirão anterior.

– Que tal almoçarmos juntos um dia desses?

Imediatamente depois que fez o convite, ele se arrependeu. Ficou torcendo para que não aceitasse, mas ela aceitou.

– Parece ótimo. Vamos combinar. Você é solteiro?

— Viúvo. Você é...

— Solteiríssima.

Irwing riu, pela força do hábito, mas já não se sentia muito à vontade. Alguma coisa estranha possuía aquela mulher. O que seria? Por mais que se perguntasse, não conseguia chegar a nenhuma conclusão. Ora sentia-se feliz, fazendo planos, ora como um gato encurralado, sem saber para onde correr.

Seu sininho de alarme começou a soar e a prolixidade o abandonou por completo.

Hercília percebeu imediatamente que Irwing estava lhe fugindo do controle. Então, o envolveu com seu enigmático olhar. Foi o quanto bastou. Ela sentiu que lhe dominava a vontade com um simples olhar. *"Meu Deus... O que está acontecendo comigo? Por que me deixo dominar por essa mulher? Sei que ela me fará sofrer, mas quero-a... Sei que o abismo se aproxima de meus pés, mas não consigo deter meus passos."*

A Lua escondeu-se atrás das nuvens. À luz amarelada da rua, Hercília pareceu ainda mais assustadora. Seus cabelos eram curtíssimos e arrepiados e, das orelhas bem feitas, pendiam brincos enormes. Calçava botas até a altura dos joelhos, onde terminava a minissaia de couro preto. Justíssima. O decote era discreto, mas o tecido fino da blusa delineava o formato dos seios.

Teriam continuado a conversa se Maria Inês não tivesse aparecido no jardim e chamado o pai. Hercília mostrou-se desagradada. Parecia ter-se esquecido de que deveria ir à rodoviária.

– É sua filha, não é?

– Sim. Tenho também um menino...

– Não acha que estão precisando de uma mãe? – falou com um sorriso melífluo.

– Estão sim. Os pobrezinhos sentem muito a falta da mãe...

A moça ficou esperando. Havia jogado a isca. Irwing sentiu-se forçado a convidá-la a entrar na casa a fim de continuarem a conversa interrompida. Era isso mesmo o que ele queria? Ele não tinha certeza. Havia um forçamento invisível por parte da moça, como se ela estivesse predeterminada a dominá-lo, mas não quisesse parecer dominadora.

Maria Inês tornou a chamá-lo. Atrás da menina, vislumbrou uma sombra ameaçadora. Seu sentimento paterno falou mais alto e ele entrou rapidamente, deixando Hercília plantada no portão.

Ao se aproximar da menina, o vulto escuro desapareceu e foi para junto da mulher que, mal contendo a ira, retirou-se, pois o endereço solicitado fora apenas um pretexto.

– Minha filha, você está bem? O que quer?

Só então a menina deu-se conta de que estava ali.

– Papai... Não sei o que aconteceu. Não sei por que me levantei nem por que chamei você... Agora vou voltar pra cama, estou morrendo de sono. Tchau.

"Estranho" – pensou Irwing. – Beijou a filha e a reconduziu ao quarto. Depois, também ele se deitou. Tão logo adormeceu, percebeu Hélio ao seu lado. Sairiam novamente em busca de doentes necessitados. Mas Irwing não estava equilibrado para um serviço de tal monta. O encontro com aquela mulher o havia perturbado.

Hercília não desistiu de conquistá-lo. Era obstinada. Quando botava uma coisa na cabeça, não desistia com facilidade. Fazia já algum tempo que vira Irwing e se impressionara com seu tipo atlético. Porque ele nem lhe notara a presença, ela jurou a si mesma que o haveria de dobrar. E lá estava o Senhor das Trevas para ajudá-la.

Hélio havia notado o desequilíbrio do companheiro de lutas.

– Sabe que deve preocupar-se, agora mais do nunca, com o Senhor das Trevas?

– Mas o que aconteceu? Você disse... Senhor das Trevas?!

– Acha que ele se conformaria assim tão fácil com sua intromissão? Acha que se conformará em perder Cecília novamente? Ele não esqueceu a humilhação que sofreu quando do resgate de Nayla (Cecília). Muito tempo se passou, mas ele ainda não desistiu.

Irwing franziu a testa. Compreendeu que sua luta não seria fácil.

– O que ele está pretendendo?

– Está claro. Quer tirar você da jogada e apela para seu "calcanhar de Aquiles", ou seja, conhece você e sabe do seu ponto fraco.

– Ora essa! Meu ponto fraco... então... é mulher bonita?

Hélio riu:

– Você sabe muito bem.

– O caso é sério, meu amigo. O que podemos fazer?

– A luta é toda sua. Esse... "podemos" é força de expressão, não é? Você deveria dizer: o que posso fazer? Felizmente, Irwing, nós, os desencarnados, não podemos lutar a luta que lhes compete. A luz própria, conquistamo-la com nosso esforço, pois ninguém pode clarear seu caminho, por tempo indefinido, com a luz alheia. Fico só no apoio, torcendo... orando... pedindo... porém, a última palavra será sempre sua.

— É justo, Hélio. Tenho de estar prevenido. Essa Hercília... Ela sabe que também está sendo usada pelas forças do mal? Pelo Senhor das Trevas?

— Ela sabe muito bem. Na verdade, frequenta uma casa de má fama onde se realizam rituais estranhos.

— Rituais estranhos?

— Como a magia negra... a feitiçaria... vodu e outras coisas muito a gosto da espiritualidade inferior e que, infelizmente e indevidamente, muitos chamam de Espiritismo — explicou Hélio.

— Por isso ela tinha aquele olhar estranho que me envolvia, queimava-me como fogo. Um fogo que ardia dentro de mim, mas que era bom, que me excitava.

Os dois ficaram conversando até que Irwing lembrou seu compromisso. Iriam, naquela noite, ao hospital, onde aidéticos, em fase terminal, o aguardavam.

— Não sei se você, hoje, terá condições de ajudar

alguém... Mas vejamos. Vou-lhe aplicar um passe magnético. Peça a Jesus que lhe conceda o equilíbrio, pois essa visita que faremos hoje é das mais importantes para você. E lembre-se sempre de que uma sintonia com o Alto não dá para improvisar.

Depois de algum tempo, com a ajuda de Hélio e as rogativas de Irwing para que Jesus o fortalecesse, ambos saíram em cumprimento do dever. Uma sombra sinistra os seguia de longe:

"Desta vez, você não sairá vitorioso, miserável usurpador da felicidade alheia, disse a si mesmo o Senhor das Trevas."

Por meio de nosso livre-arbítrio, fazemos as nossas ligações espirituais. É fácil nos envolvermos, difícil é nos libertarmos.

Stanislaw, o Senhor das Trevas, desde muito tempo perseguia Irwing. Fora seu pai em remota reencarnação e jamais perdoara o fato de ele ter fugido de casa levando Nicéia (Mércia), então sua segunda esposa na última existência, portanto, madrasta de seus filhos. Desde então, fugia das reencarnações como o diabo da cruz, pois queria ele mesmo ser o juiz do filho desleal.

Irwing, naquela existência, chamava-se Dulcídio

e tinha pouco mais de 18 anos quando Berenice desencarnou e o deixou órfão e a seus irmãos. Berenice (Nayla e presentemente Cecília), sempre fora muito amada por Stanislaw. Este se casara com Nicéia por conveniência e não por amor, uma vez que amava Berenice. Stanislaw tinha gênio violento. Espancava por qualquer coisa aquela segunda esposa, bem como os filhos. Um dia, Dulcídio e a madrasta Nicéia fugiram. Nunca os fujões foram encontrados por Stanislaw, que passou a odiar o filho e a alimentar desejos de vingança. Soube-se que o casal foi para bem longe construir sua felicidade.

Mas, passado o período da ilusão, Dulcídio começou a trair a madrasta, transformada agora em esposa. Depressa se cansou de Nicéia e a substituiu, no coração, pela jovem Edorina, (hoje Geórgia). Isso explica por que a jovem italiana Geórgia se apaixonou por ele tão repentinamente a ponto de tudo abandonar por esse amor. Por mais tempo passe sobre um grande amor, um dia ele refloresce com toda a impetuosidade.

Nicéia não se deu por achada e tratou de eliminar a rival Edorina. Que meios usaria? Pensou em matá-la, mas isso a afastaria mais ainda de Dulcídio e ainda corria o risco de ser também morta. Não! Tinha de ser mais sutil. E, fingindo que nada sabia sobre o adultério, começou a difamá-la junto ao marido. Antes de contar suas mentiras, fazia-o jurar sobre a Bíblia que nunca contaria a Edorina. Com hipocrisia, dizia que só não rompia de vez a "amizade" porque ainda tinha esperanças de recuperar a moça.

Resolveu convidá-la a frequentar sua casa. Quando já tivesse sua confiança e a do marido, poria em andamento seu plano.

E assim foi feito. Sempre que podia, inventava alguma coisa escandalosa a respeito da vida de Edorina e, para esta, falava do gênio esquisito do marido. Se Edorina não deu a menor importância a essas informações, o mesmo não aconteceu com Dulcídio, que passou a olhar Edorina de outro modo. Um dia, quis "forçar a barra", desrespeitá-la, mas Edorina era uma mulher experiente. Até ali, nunca se permitira ir além de carícias superficiais; sabia que, se adiantasse qualquer coisa, Dulcídio perderia o interesse em separar-se da mulher e assumi-la.

Depois de fazer "a ceva" durante algum tempo, Dulcídio, afinal, se cansou da brincadeira. A maledicência da esposa enfraquecera seu amor. Mudou-se com Nicéia sem nem mesmo comunicar a decisão a Edorina, mas ficou-lhe, no fundo da alma, uma revolta secreta. Azeda. E o desejo de se vingar dela, uma vez que acreditara fielmente nas calúnias da mulher.

Nicéia, no entanto, viu-se perseguida pela consciência culpada. Adoeceu. Pensou em contar ao companheiro, mas isso significava ter de abrir mão do seu amor. Tinha certeza de que ele voltaria correndo para Edorina. Então, se calou e deixou que o arrependimento se lhe vergastasse a alma.

A calúnia é a arma dos covardes. O caluniador julga-se acima do bem e do mal, mas não sabe que lá na frente terá de prestar contas. E quando isso acontece, julga-se injustiçado. Mas a Lei desconhece nossos gritos, nossas queixas... E vamos sofrer na pele tudo o que fizemos o outro sofrer.

Nicéia, a partir daquelas calúnias, nunca mais foi feliz. Desencarnou cedo, vítima de uma depressão que a consumiu rapidamente, deixando o marido a quem tanto se apegara. Mas ainda não fora suficiente. A balança ainda pendia para um lado. Nesta existência, chamou-se Mércia e igualmente tivera de abrir mão de Irwing (Dulcídio) muito cedo, deixando-o com três filhos para criar.

Dulcídio teve uma existência longa. Arrependeu-se sinceramente de tudo o que fizera ao pai, a Nicéia e a Edorina. Procurou ser útil ao seu próximo, porém, nunca mais a felicidade lhe batera à porta. Reencarnou, depois de quase um século, com alguns méritos, e batizaram-no como João Pedro, do qual já falamos. Mas encontrou no seu caminho a jovem Nayla (Cecília), e se apaixonaram. Nayla, como já foi narrado, não suportou a separação e suicidou-se, agravando seu carma negativo. João Pedro não foi feliz com a esposa escolhida pela família, e naquela existência não progrediu quase nada no sentido espiritual. Hoje, como Irwing, vemos que também se complicou: reencontrou Edorina em Geórgia e muito a magoou conforme veremos mais adiante; reencontrou Nayla em Cecília e, por sua insensatez e luxúria, levou-a novamente ao suicídio. Agora, está tentando, por meio da prática do amor e da caridade, reequilibrar-se com a Lei desrespeitada. O olho por olho, dente por dente de Moisés, foi substituído pelo amor de Deus-Pai, que se nos abre várias frentes de trabalho redentor.

Capítulo Dezesseis

Reencontro

*Quando tudo parece esquecido,
o passado vem a nossa porta e se apresenta.*

Irwing e Hélio adentraram o hospital e se dirigiram ao quarto de Geórgia, que estava vivendo seus derradeiros minutos no corpo sofrido e aviltado pela terrível doença.

À sua cabeceira, também em corpo perispirítico como Hélio e Irwing, estava Flávia. Visitara a amiga durante o dia e agora retornava em corpo astral para a despedida que sabia iminente.

Seu coração bateu forte quando reconheceu

Irwing. Este também se emocionou ao reconhecer a amiga de anos atrás. Abraçaram-se, emocionados. Mas Irwing viera ali em missão de socorro. Não podia distrair sua atenção com Flávia, embora tivesse desejo de lhe fazer muitas perguntas.

Uma surpresa o aguardava. Ao olhar para Geórgia, estremeceu. Olhou para Hélio:

– Mas... Parece que conheço esta jovem... Não pelo corpo material, que nem parece o mesmo, mas pelo perispiritual.

– É claro que conhece. Por isso estamos aqui.

– Não consigo me lembrar muito bem, mas acho que acabo de encontrar alguém que me foi muito querida na minha juventude.

– Só disso se recorda?

Irwing franziu a testa e tentou fechar a porta da alma, impedir que as lembranças o despertassem. Aquela não era uma recordação que lhe dignificava o Espírito.

Quando encarnados e em estado de vigília, sabemos muito bem camuflar a realidade. Torcer os acontecimentos a nosso favor, parecer inocentes, mas sem a roupagem mais grosseira da alma, vivendo a verdadeira vida que é a espiritual, então... a máscara cai. Não há como escapulir. Já não tem sentido continuar com a encenação.

Irwing, por puro condicionamento, tentou, ainda, uma desculpa para sua atitude do passado.

— Eu era muito jovem... Estava casado havia pouco tempo e não podia assumir Geórgia.

— Se não podia, por que se envolveu? Apesar de estar casado, você não titubeou em conquistar o coração dela, de lhe dar esperanças, de prometer casamento, quando já era casado... Sabe que ela veio da Itália à sua procura? Que ao desembarcar foi roubada e que teve de levar uma vida que não queria? Está vendo a que se reduziu a pobrezinha?

Irwing ouvia tudo de cabeça baixa. Arrependia-se sinceramente do quanto fizera à Geórgia. Mas era tarde; conquanto possamos mudar o presente e o futuro, o mesmo não se dá com o passado. Agora teria de remediar o mal ajudando o quanto pudesse. E mesmo assim, não quitava seu débito. Ficaria como devedor da moça e teria de lhe ressarcir o prejuízo causado. Inútil querer safar-se.

Flávia também estava surpresa. Jamais poderia imaginar que o amado de Geórgia fosse Irwing. Também ela sentia mais que simples amizade por ele. Então... foi picada pelo ciúme. Mas percebeu que era estúpido estar com ciúmes de uma doente em fase terminal.

Lendo seu pensamento, Hélio lhe disse:

— Não aposte na morte enquanto o coração estiver batendo e o cérebro ativo. Geórgia, doravante, lutará para não deixar que a morte a arrebate para longe de Irwing. Um coração apaixonado tem a força de um gigante.

Flávia entendeu. Irwing olhou-a. Tinha tantas coisas a lhe falar, mas calou-se.

— Maldita viagem à Itália. Fui lá a negócios. E em apenas alguns meses consegui me enrolar tanto! Pobre Geórgia... Poderá me perdoar?

Geórgia-Espírito planava, estonteada, acima do corpo material. Apesar da obnubilação do Espírito, conseguiu reconhecer Irwing. Então, deu-se o fato ao qual Hélio havia-se referido: voltou a sentir desejo de viver. Ali estava o amor de sua vida. Ali estava a razão do seu viver. Viveria para ele. Então... aquela vida que há pouco era uma fogueira a extinguir-se, reacendeu-se.

Tão grande foi o seu desejo, que a alma, dantes deprimida, revigorou-se. A força do amor conseguiu o milagre da transformação. Os órgãos físicos, obedecendo ao comando do Espírito, voltaram a reagir. A morte teria de esperar.

Hélio percebeu a disposição da doente e a ajudou. Reconduziu-lhe o Espírito combalido ao corpo e lhe ministrou recursos magnéticos. Depois, foi a vez de Irwing agir. Colou seu corpo perispiritual ao dela e, como numa transfusão de sangue, transfundiu-lhe seus fluidos animalizados, perfeitamente compatíveis com os dela. Fê-lo com determinação, quase obrigando o Espírito-Geógia a absorvê-los.

Fortalecida, Geórgia despertou no corpo físico. Ainda trêmula, lembrou-se, com muita intensidade, daquilo que chamou de sonho bom. "Meu Deus! Sei que encontrei Irwing. Não foi em vão a minha vinda ao Brasil. Agora quero viver... viver... quem sabe ainda não serei feliz? Meu sonho foi uma premonição. Sim, quero viver. Quero recuperar a saúde."

Geórgia não sabia ainda, mas o pensamento e a vontade são forças realizadoras que conseguem modificar o quadro clínico, pelo menos por algum tempo mais. Ao se deparar com a criatura amada, um banho de novas energias revigorou-a. Já não via a morte como única alternativa. Abriu-se-lhe um sol radiante na alma alquebrada. Ela pôde ver que sua vida tomaria rumo diferente dali para a frente. *"Deus quer que eu viva! Hei de ficar boa, Irwing..."*

Flávia, Irwing e Hélio não esconderam a surpresa. De volta ao corpo desfalecente, a vida começou a se impor novamente. Geórgia fizera a opção pela vida e a vida a aguardava.

— Então — disse Irwing —, ela não desencarnará mais?

— No momento, decidiu pela vida, entretanto...

— Entretanto o quê?

— Vai depender de você.

— Como assim? Depender de mim? Não sou o dono da vida e da morte, Hélio!

— Claro que não. A vida e a morte são da alçada do Criador, todavia, em determinadas circunstâncias, Ele pode querer que se viva mais um pouco na matéria densa.

— Dá pra ser mais claro?

— Geórgia só se decidiu pela vida porque encontrou você, a quem vinha procurando havia tempos. Agora que o reencontrou, quer viver... então... se você frustrá-la novamente, ela voltará a se deprimir e a doença novamente segurará o leme de sua vida. Entendeu?

Sim. Ele havia entendido. Mas não amava Geórgia. Aliás, agora que encontrara Flávia em corpo perispirítico, saberia como encontrá-la também em corpo material. Era só perguntar a Geórgia. E com a ajuda de Hélio, saberia onde encontrá-la. Assim, procurara gravar na mente o nome do hospital. Durante o dia, na sua vida normal como encarnado, procuraria por ela. Sabia que se lembraria daquela visita.

Hélio sondava Irwing. Conseguia ver perfeitamente o que ele estava pensando.

– Irwing... Sei que você não ama Geórgia e pensa que quer ficar com Flávia, que é sua amiga, todavia, você perdeu o direito à escolha quando iludiu essa pobre moça. E olha que isso começou lá atrás, em outra existência. Lembra-se de Edorina, não lembra?

– Mas, de qualquer forma, não creio que ela conseguirá sobreviver. A doença está muito adiantada... Ainda não há remédio eficaz para combatê-la.

– Nada ainda está decidido. Não faz parte do plano reencarnatório dela a desencarnação precoce. Se ela morrer, será considerada suicida indireta, pois foi a desistência da luta pela vida que fez com que a doença lhe dominasse o corpo. E veja bem, meu amigo, a doença que ela contraiu foi por culpa sua! Desculpe-me falar assim, mas não quero anestesiá-lo e, sim, despertá-lo.

— Minha culpa? Minha não! Ela que quis viver essa vida perigosa. Hoje com um homem, amanhã com outro... Tinha de dar no que deu.

Mas ele falava sem convicção. No íntimo, sabia que ninguém joga sua vida fora por nada.

— Ah... quer eximir-se da culpa? Acaso não se lembra das promessas que lhe fez, mesmo sabendo que era casado e não poderia cumpri-las? Fosse você uma mulher e estivesse no lugar dela, longe de seu país, sua família, sem documentos, sem emprego, com fome... o que faria?

— Mas a prostituição...

Antes que ele terminasse, Hélio lhe disse:

— Não estou afirmando que a prostituição era o único caminho ou que ela fez bem em seguir por ele, todavia, não sei se eu, você ou qualquer outro não faria o mesmo na mesma situação. Não vou julgar. "Aquele que estiver sem pecado que atire a primeira pedra". Lembra-se da lição?

Flávia estava alheia à conversa dos dois. Aproximara-se da cama de Geórgia e, surpresa, viu como a vida ia aos poucos se impondo. A amiga não lhe registrou a presença espiritual.

Na manhã seguinte, Irwing amanheceu contrariado. Lembrou o que chamou de sonho e se perguntou se tudo havia realmente acontecido. Geórgia? Teria me encontrado com ela? Num hospital de doentes com AIDS em fase terminal? E Flávia? Que estranho... Ela também estava lá. Preciso conversar com Hélio com urgência.

E antes de sair para o trabalho, tentou se comunicar através do pensamento. Mas Hélio, por alguma razão, não lhe respondeu.

Vários dias se passaram. Irwing já estava prestes a admitir que tudo aquilo fora uma ilusão; mais uma das artimanhas do Senhor das Trevas. Não pensaria mais no assunto.

Capítulo Dezessete

O Amor Reergue

*Quando o Espírito está deprimido, o corpo emurchece.
O amor, todavia, é-lhe a seiva revitalizante.*

Novos remédios para a cura da AIDS estão sendo aperfeiçoados dia a dia. Hoje, já se consegue viver um pouco mais, muito embora a qualidade de vida não seja a desejável.

O fato é que muitas pessoas estão negligenciando os cuidados que devem ter a fim de se evitar a contaminação, porque já não se fala muito a respeito, e o primeiro impacto já passou; porque existem os remédios paliativos, acreditam, erroneamente, que a doença esteja controlada. Ledo engano. Conforme estatísticas, a AIDS continua matando milhões por dia no mundo. E ainda está muito longe a descoberta da cura, de uma vacina, que ofereça total garantia. Parece que é uma praga que veio para ficar. Um freio para os desatinos do ser humano?

Geórgia ainda estava hospitalizada, mas apresentava grande melhora no seu quadro clínico. Comentava com Flávia o sonho de algumas semanas atrás.

– Minha amiga... Tenho certeza de que meu amado veio me ver em Espírito. Ele me ama, ainda. Nada está perdido. Dentro de mim alguma coisa diz que logo nos encontraremos. Você acredita em premonição? Eu nunca erro...

Flávia cortou a conversa de modo abrupto, assustando a amiga.

– Qual premonição qual nada! Esta história toda não passa de uma vontade reprimida. Não confunda sonho com realidade. E a realidade é essa: Seu amado... qual é o nome dele, que você ainda não me disse?

Geórgia espantou-se com a quase agressividade de Flávia. Tímida, respondeu:

– Irwing. O sobrenome, ele nunca me disse.

Foi a vez de Flávia levar um susto. Naquela noite em que Irwing visitara e ajudara Geórgia em companhia do Espírito Hélio, ela estava presente em corpo perispiritual, como vimos, mas ao acordar, de nada se lembrou. Apenas uma leve dúvida e nada mais.

— Irwing?!

— Sim. Você ficou pálida. Por acaso o conhece?

— Como é esse seu Irwing?

— Alto, elegante, tipo atlético, olhos grandes e negros, cabelo liso, pele bronzeada... Fala suavemente...

Após a descrição, Flávia não teve mais dúvidas. Era o mesmo Irwing. Até sobre a tal viagem à Itália, onde ficara três meses a serviço da firma em que trabalhava, ele havia-lhe contado. Omitira, porém, a aventura amorosa com Geórgia.

— Geórgia, eu conheço a peça! Não vale nada, amiga. Esqueça-o, para o seu bem. Ele só traz infelicidade a quem dele se aproxima.

Mas eram a mágoa e o ciúme que assim falavam.

— Não fale assim dele, Flávia. Você não o conhece tão bem quanto eu.

Flávia já não a ouvia.

— *Pode deixar que hei de encontrá-lo. Conheço*

um bom detetive. O safado nunca me enganou. Sempre foi um traste à toa. O engraçado é que sempre gostei desse traste – pensava Flávia.

Mas não foi preciso nenhum detetive. Estavam ambas conversando, falando das maroteiras da vida, quando Irwing (desta vez em corpo físico) abriu a porta do quarto.

Geórgia empalideceu! Imediatamente, arrumou os cabelos com os dedos e se ajeitou na cama. Flávia deu um pulo e foi em sua direção:

– Irwing! Mas não é certo o ditado que diz que quem é vivo sempre aparece?

Irwing não sabia se olhava Flávia ou Geórgia. Ficou parado, apalermado, segurando a maçaneta da porta.

– Flávia... Aquela que ali está é...

– ... Geórgia. Você a conhece bem, não?

Iam falando e se abraçando. Flávia fez questão de que Geórgia visse o quanto ela e Irwing eram íntimos. Inesperadamente, descobriu seu lado trevoso. Sentia um prazer mórbido em causar ciúme à amiga. Passou, repentinamente, a encará-la como a uma rival.

Irwing teria fugido dali, se pudesse, mas ficou grudado, falando sem pensar, ora olhando Geórgia, ora

Flávia. Foi esta quem o tirou daquele estado meio catatônico.

– Vamos lá, não vai cumprimentar a nossa Geórgia? Como soube que ela está doente? Como chegou até aqui? Você sabia da gravidade do caso dela? Bem que sonhei com você um dia desses...

Flávia falava aos supetões. Dos olhos saíam chispas de uma revolta que não podia ocultar. Depois, ela mesma se deu conta do ridículo da situação. *"Ora essa... Que tenho eu com a vida dele? Acaso ele me enganou também? Acaso me fez promessas de casamento? Pensando bem, ele até insinuou, logo que enviuvou, que poderíamos ficar juntos... sem papel passado..."* – lembrou Flávia. Então, mudou sua atitude.

– Por favor, Flávia. Uma coisa de cada vez – disse Irwing. Antes de responder à sabatina, quero cumprimentar Geórgia.

Aproximou-se da cama. Geórgia, embora ainda doente, apresentava sensível melhora. Naquela semana, engordara um pouco, e seu rosto já não estava tão macilento. Os olhos adquiriram brilho desde aquele "sonho."

– Geórgia! – disse Irwing, emocionando-se até as lágrimas. Puxou as mãos da doente e acariciou seus longos e finos dedos. Levou-os aos lábios e os molhou com lágrimas quentes. Pediu perdão por sua canalhice do passado. Tentou se explicar, porém, para aquilo não havia explicação plausível. Calou-se, cabisbaixo.

– Irwing... – conseguiu dizer a doente, após alguns segundos. A voz lhe saiu tremida e frágil. – Irwing... – repetiu –, o que fizemos do nosso sonho tão bonito? Como você teve coragem para fazer o que fez? Eu era uma menina inocente, nada sabia da vida. Agora... – não conseguiu dizer mais nada. O choro agitou-lhe o peito.

Flávia os olhava. Já não se conhecia. Como podia gostar daquele homem e só perceber isso após descobrir que era ele o amor da amiga? Estaria mesmo interessada nele ou era só um sentimento de competição? Por que mistérios a vida havia colocado os três juntos? Que papel ela representava nessa comédia que é viver? E Geórgia? Como entender o fato de ela vir parar em sua casa, vítima daquele homem a quem conhecia muito bem? E olhava-os. E percebia, assombrada, que somente naquele instante ela se dava conta de que não passavam, os três, de marionetes nas mãos daquilo que chamamos destino.

– Como, afinal, Irwing, você soube que Geórgia estava no Brasil e doente? E como soube que ela se encontrava aqui?

— Já lhe contei uma vez, que sou médium e consigo me comunicar com meu guia espiritual. Também sou dado a premonições... E também costumo aproveitar a hora do sono físico para trabalhar. Há algumas semanas, meu guia espiritual me trouxe até aqui... parece que ajudei Geórgia... Lembro-me de que você também estava presente em corpo perispiritual. Quando acordo, costumo me lembrar de quase tudo.

— Também me lembro de ter sonhado com você. Mas por que só agora você se preocupou em visitar Geórgia?

— Porque só agora consegui localizar este hospital. Quando aqui estive foi em circunstância diferente. Hélio, meu amigo espiritual, foi quem me guiou os passos.

Geórgia arregalou os olhos. Estava espantada.

— Irwing, eu não sei do que você está falando. Sabia de você por causa de um sonho que tive. Sei que há Espíritos por todo canto... tenho lido muito sobre isso, mas... cruz credo! Aqui, perto de mim!? — e fez o sinal da cruz.

Flávia deu uma sonora gargalhada e disse:

— Pois eu sou doida pra ver algum. Mas, infelizmente, eles fogem de mim. Uma pena!

— Não brinque com coisas sérias, Flávia, que um dia você leva um susto — disse Irwing.

Geórgia olhava Irwing com adoração. Sentia-se imensamente feliz:

— Irwing, fale-me de você.

Ele ficou sem jeito e desconversou, mas Flávia insistiu:

— Vamos, Irwing. Você tem muito que explicar. Afinal, iludiu...

— Não continue, Flávia. Eu mesmo quero contar a Geórgia tudo o que aconteceu.

— Então... desembuche...

— Que modos, Flávia!

— Prefiro esperar que Geórgia melhore. Não será bom para ela. O que importa é que estou aqui e que, de alguma forma, Deus nos aproximou novamente. *"Pobre menina... a vida foi dura com você..."*

Flávia mordeu o lábio inferior. Gostaria de gritar com Irwing, de contar à amiga tudo o que os dois já tinham vivido juntos, de dizer-lhe que ela não tinha o direito de impressionar Irwing com sua doença... mas as lágrimas cairiam se ela falasse.

Geórgia pediu que Irwing lhe contasse tudo. Ficaria mais tensa se ele se calasse. Amenizando o quanto pôde, ele lhe abriu o coração. Reconheceu-se culpado. Choraram juntos. Por fim, o perdão.

"O safado falou de mim como se eu nada representasse para ele..." – pensou Flávia, mas achou melhor ficar calada, afinal, ele nunca a iludira.

Capítulo Dezoito
Forças Trevosas

O mal tem lá suas forças.
Mas o preço que cobra é exorbitante.

IRWING, CADA VEZ MAIS, SENTIA NECESSIDADE DE contratar alguém que o ajudasse nos serviços de casa e com as crianças. Até ali, contara com a solidariedade de vizinhos, que muito se condoíam com sua situação, mas infelizmente essa ajuda rareava dia a dia. "Preciso me casar novamente. As crianças precisam de uma mãe... mas... casar... com quem?"

Maria Inês estava acamada. Caxumba. Isso a deixava irritada e Irwing teve de faltar ao serviço para cuidar dela e do filho. "Decididamente, preciso de alguém. Flávia está descartada. Geórgia está doente, qualquer dia morre... Hercília?"

Ao pensar na estranha moça, seu coração se alegrou. Hercília era jovem, parecia ter boa saúde, gostara de Maria Inês quando a vira no jardim na noite em que se conheceram. *"Vou procurá-la, ela disse que mora no quarteirão anterior ao meu..."*

Depois que tomou a decisão, ficou pensando se daria certo. Veio-lhe à mente o olhar dardejante dela, como a querer dominá-lo, como um vampiro sugador de almas. E ele teve um arrepio. "Bem... não preciso me casar com ela. Não de imediato. Quero conhecê-la primeiro. Depois... se for o caso..."

Nesse ínterim, Hercília estava consultando Tânia, uma médium que se prestava a trabalhos que utilizava o préstimo de Espíritos de ordem inferior a fim de "resolver" problemas em troca de pagamento.

— Preste atenção, Hercília. Eu não posso garantir sua felicidade com ele.

— Não precisa me garantir isso. Se ele se apaixonar por mim, eu mesma cuido disso. Quero que você me faça um bom trabalho, que o amarre para mim. Bem amarrado!

— Você sabe que nada é de graça, não sabe?

Combinaram o preço.

À noite, quando Hercília dormia, ou melhor, o corpo dormia, seu guia espiritual tentou chamá-la à razão.

— Hercília, você está brincando com forças que desconhece! Pare enquanto ainda é tempo.

A moça era obstinada e nada a faria mudar de ideia.

— Não se preocupe. Sei muito bem o que estou fazendo.

— Será que sabe? Não creio. Você prometeu, antes de reencarnar, que abandonaria essa sua "doença" de querer ter todos a seus pés. Veja, minha amiga, você não é mais uma rainha. Seu reino ficou lá atrás, há séculos.

— Quem já foi uma rainha nunca perde seus súditos. Aos súditos compete amar sua rainha...

— Hercília... Pobre Hercília! Vejo que ainda está equivocada. O passado já passou. Você teve outras encarnações e o trono já ficou lá atrás. Acorde!

Em tempos passados, na Europa, Hercília havia sido uma rainha. Então, julgava tudo poder, afinal,

Deus a tinha consagrado uma rainha e ela estava acima do bem e do mal. Desde que perdera o reinado pela morte, já havia reencarnado algumas vezes, mas aquela reencarnação ela não queria esquecer. Assim, alimentava-a com extremado carinho. Tinha sido importante demais para deixar cair no olvido. E sua petulância, seu desejo de que todos se curvassem a seus desejos, impedia que ela crescesse em Espírito. Conhecera Irwing assim que ele para lá se mudara. A princípio, não era amor. Em verdade, nem agora o era, pois paixão está longe de ser amor. Mas como Irwing pareceu ignorá-la, repleto de problemas qual estava, ela resolveu agir. Por sua conta, nada estava conseguindo, até que o Senhor das Trevas percebeu sua disposição e a colocou frente a frente com Irwing, naquela noite em que pretextou ir à rodoviária e lhe pedir informações. Já sabemos o que aconteceu, então. Mas ela não havia-se conformado. O Espírito de rainha falou mais forte e, malgrado as advertências do seu anjo da guarda, não desistiu. E assim, ia à busca de sua desdita. Mas não vamos atropelar. Cada coisa na sua hora.

Irwing estava, agora, recebendo as influências diretas do Senhor das Trevas, que não estava gostando de vê-lo progredir em Espírito e lhe escapar cada dia mais do seu controle.

"*Que espera? Vai perder uma moça tão bonita e inteligente como Hercília? Está com medo dela? Desde quando você é frouxo com mulher? Não vê que seus filhos estão precisando de uma presença feminina? E você também... há quanto tempo não tem uma mulher?*"

Irwing era médium, já dissemos. Sentia essa influência, mas ultimamente não lhe dava combate. Amolecia, porque estava ouvindo o que queria ouvir. E decidiu que não custava nada tentar. Talvez a convidasse para viverem juntos. Não se casaria de imediato. Não sem antes conhecê-la muito bem.

Saiu à procura dela. Não precisou perguntar a ninguém, pois viu quando Hercília entrou em uma padaria. Ficou à espreita e, quando ela saiu, seguiu-a sem ser visto.

Deixou que ela entrasse em casa. Chamou mentalmente por Hélio, seu amigo espiritual.

— Por que você me chama, se já decidiu tudo?

— Ainda estou na dúvida... O que você acha?

— Acho que você está sendo precipitado. Não conheço essa moça, mas acho que você deveria tomar muito cuidado. As trevas sabem fazer armadilhas como ninguém.

— Mas, meu amigo, você não sabe de minha situação? Não fosse pelas crianças, eu nem pensaria em me unir a ninguém... Até porque, ainda amo Mércia.

– Sei de tudo isso. De qualquer forma, você já decidiu o que fazer. E é bom que decida sozinho, porque, se não der certo, não poderá inculpar ninguém... – advertiu o Espírito.

Irwing ia responder, quando Hercília o viu parado em seu portão. Ergueu o peito e respirou fundo. Seu ego estava satisfeito. *Então... Afinal, ele não pôde me esquecer... Ninguém consegue! Hercília... você é grande!*

– Boa tarde! Mas olha que surpresa boa! Vamos entrar.

As palavras do amigo espiritual ainda lhe repercutiam na mente. Mas Hercília era uma mulher envolvente, segura do que queria, e não admitia recusas.

– Não vou deixar você sair sem tomar um cafezinho. Vim da padaria ainda há pouco e trouxe um bolo. Parece que estava adivinhando que teria alguma coisa para comemorar. Vamos, entre.

Irwing já não mais era dono do seu querer. O perfume de Hercília o embriagava e ele se rendeu sem resistência.

À mesa do café já pareciam dois bons camaradas

que se haviam reencontrado. Hercília procurou dosar suas investidas, lembrando-se da primeira vez. Havia sido muito afoita, muito senhora de si e quase assustou a presa. *"Nenhum homem gosta de parecer o conquistado e sim, o conquistador"* – lembrou.

– Mas, fale-me de sua família. Sei que você é viúvo – e rindo, acrescentou: – Já andei investigando.

– É verdade, faz um bom tempo que perdi minha esposa...

– E como consegue trabalhar e ainda cuidar de duas crianças?

– Não está nada fácil.

– Você precisa arrumar uma nova esposa...

Hercília havia jogado a isca e deu um tempo. Irwing gaguejou. Por fim, riu e lhe perguntou:

– Não quer se habilitar?

"Isso, boa menina, vá em frente. Ele está caindo como um patinho. Já posso dizer que tenho meu simpático viúvo nas mãos."

– Casamento? Nunca pensei nisso – dissimulou – Não acha muito cedo?

– Realmente. Foi só uma brincadeira...

"– Não. Não foi, não, meu caro! Você me quer.

Você está doido por mim... Veja bem: você me quer... me quer... me quer..."

Enquanto repetia esse mantra, envolvia Irwing no seu olhar de serpente. E ele, qual pássaro sob encantamento, beijou-a com paixão.

Quando estamos na espiritualidade, lutamos por uma oportunidade de aqui voltar, de ganhar novo corpo, ser premiado com o esquecimento temporário dos erros passados, fazer o melhor possível para o bem do Espírito, mas quando retornamos, nos imbuímos novamente de falsos valores e queremos aproveitar tudo o que a vida tem a nos oferecer.

Nossa inferioridade e nossos erros constantemente repetidos nos fazem caminhar sempre na mesma direção. Condicionamento. E porque muito já percorremos tal caminho, sua geografia está decalcada em nosso ser.

Tentar um caminho novo requer, primeiro, conscientização. Raramente nos conscientizamos da necessidade de mudanças. Depois da conscientização, há que ter coragem para empreender o desbravamento da selva de inferioridades que ainda temos dentro de nós. Sentar e se lamentar, o muito que conseguimos é uma boa obsessão. Sempre repetindo os mesmos erros jamais conseguiremos asas para voar e vamo-nos distanciando cada vez mais daqueles a quem amamos e que não querem ficar rente ao chão, lamentando conosco.

Irwing ficou com Hercília até escurecer. Ao sair dali, estava embriagado de paixão. Nada mais tinha importância. *"– A vida é boa, afinal de contas."*

Decidiu não esperar muito tempo para levar a moça a sua casa. Só então se lembrou de que não havia perguntado seu estado civil. *"– Bem... ela mora sozinha. Ou é solteira, ou viúva ou divorciada."*

Capítulo Dezenove

Trabalho espiritual: arma redentora

Deus é amor. Permite-nos o reequilíbrio por intermédio do amor e do trabalho dedicados ao próximo.

NAQUELA NOITE, IRWING DEVERIA IR, EM CORPO perispirítico, aos pântanos para resgatar Cecília de lá, bem como a outros Espíritos que já estivessem preparados para uma vida mais equilibrada com as leis divinas.

Pensando nisso, sentiu uma ponta de desânimo. Lembrou a última tentativa frustrada, quando fora obrigado a voltar correndo para a proteção do corpo físico. Transcorreram-se algumas semanas e ele ainda ouvia o gargalhar sinistro do Senhor das Trevas.

De repente, lembrou-se de Hercília. Beijou os filhos e foi para a casa dela, lá ficando até tarde da noite. Nos braços da mulher, conseguia esquecer suas desventuras, embora depois a consciência o fustigasse.

No regresso, encontrou Maria Inês e Armandinho ainda acordados. A menina havia chorado tanto, que seus olhos estavam vermelhos. Olhou o pai com rancor. Armandinho correu a abraçá-lo, dizendo que sentira muito medo de ficar sozinho em casa.

Irwing, só então, percebeu o quanto estava sendo egoísta. Enquanto estava com Hercília, os filhos estavam sozinhos e desprotegidos em casa. Prometeu-lhes que não mais os deixaria sozinhos. *"Ao invés de eu ir até Hercília, Hercília é que virá até mim. Amanhã mesmo vou falar com ela... isso não pode continuar..."* – o feitiço de Hercília ainda não o havia deixado.

Naquela noite, Hélio achou que Irwing não estava preparado espiritualmente para segui-lo até aos charcos. Ele estava perdido em Hercília que, mesmo à distância, não se deixava esquecer. E de tal intensidade eram esses desejos, que já se formara ao redor dele formas-pensamento de atos sensuais. E Hélio não teve trabalho para penetrá-los. Foi Armandinho quem trouxe o pai de volta à Terra:

— Papai... Estou com muita saudade da mamãe. Maria Inês disse que não vamos mais vê-la... É verdade?

Irwing abraçou o filho. O amor de pai foi mais forte e ele conseguiu sair do cipoal emaranhado no qual se encontrava. Hercília perdeu a conexão com ele.

— Meu filho, a mamãe está com Jesus, mas eu estou aqui e vou tomar conta de você e de sua irmã.

As lágrimas lhe desciam rosto abaixo. Uma ternura imensa tomou conta de seu coração e ele nada mais desejou que amar muito os dois filhos que Deus lhe dera.

Em sua casa, Hercília fazia um estranho ritual. Havia traçado no chão algumas linhas com carvão e falava sem cessar. Era um mantra para "enfeitiçar" Irwing. Dois Espíritos de aspecto sinistro a envolviam. Assim que Irwing elevou seus pensamentos pelo efeito do amor paterno, a estranha moça pareceu enfraquecida. Esbravejou. Uma das sinistras entidades aproximou-se:

"Majestade... creio que por hoje basta. Estou exausto, preciso me refazer."

"Então é assim que meus súditos procedem quando mais preciso? Onde está a dedicação por mim? Afinal, fizemos um trato de sangue. Lembra-se?"

Hercília estava furiosa. Queria Irwing para si o mais rápido possível, não podia admitir contratempos. O primeiro passo já fora dado. E agora...

O trevoso, em vendo a fúria de Hercília, abaixou a cabeça e nada disse. Impetuosa, a moça ordenou:

"Vamos tentar novamente" – e pôs-se a recitar o mantra. Ficou ali até a exaustão, quando, então, percebeu que tudo estava sendo infrutífero. Decididamente, a luz botava a treva a correr.

Irwing mudara o rumo de seus pensamentos. Agora, pedia a Deus e a Jesus que o não desamparassem, nem aos seus. Hélio se encarregava de sanear o ambiente, destruindo as formas-pensamento que bailavam, como se vida própria tivessem.

Armandinho estava abraçado ao pai. Maria Inês também o abraçou:

— Precisamos dar um jeito, pai. Eu tenho que estudar, não posso ficar de babá do Armandinho! Aliás, ele também já está na idade de ir pra escola.

— Meus filhos, já pensei nisso. O que vocês acham de eu me casar de novo?

Maria Inês levou um susto. O menino bateu palmas:

– Uma nova mãe pra cuidar de mim... Oba! Se ela for boazinha como a mamãe, eu quero, papai."

– E você, minha filha, não diz nada?

– Eu não havia pensado nisso. A mamãe... Acha que ela aprovaria?

– Eu acho que sim, filha, afinal, é para o bem de vocês.

– Não acha melhor contratar uma empregada?

– É que não poderia pagar uma. Empregada custa caro. Ainda temos o aluguel da casa... Todas as despesas...

– Não sei... a mamãe...

– Amanhã falaremos nisso, meu bem. Não se preocupe.

Irwing acomodou o filho na cama e foi até o quarto de Maria Inês. Encontrou-a chorando. *"Pobrezinha... com apenas doze anos... na idade dos sonhos da adolescência e já sofrendo tanto"* – pensou.

– Filha, por que está chorando?

– É que estou com tanta saudade da mamãe e da Cecília...

Irwing sentiu-se o verme dos vermes: *"Ah... Pudesse eu voltar no tempo... Que monstro fui para a pobre Cecília. Ela poderia estar aqui conosco, ser a companheirinha que sempre foi de Maria Inês, de Armandinho... Eu não mereço perdão... Não mereço mesmo ser feliz, tenho de sofrer... mas Deus, permita que meus filhos não sofram por causa da minha ruindade..."*

Abraçou a filha. Nada pôde lhe dizer, porque a dor travou sua voz.

Beijou-a e saiu apressado do quarto. Não queria que a filha o visse chorar.

Pela primeira vez, pensou em beber. Queria afogar suas mágoas. Esquecer aquele tormento que era pensar no que fizera a Cecília, a quem deveria amar e respeitar. Beber... Naquela noite precisava de uma bebida.

Pegou a garrafa de uísque que ainda estava fechada. Colocou-a sobre a pia da cozinha e foi buscar um copo.

Um Espírito amigo estava por perto. Irwing era médium de efeitos físicos. Então, graças ao ectoplasma à disposição, fora relativamente fácil idealizar uma mão para interferir.

Quando Irwing abriu a garrafa e despejou um

pouco do líquido no copo, viu aquela mão, ectoplasmática, dar uma tapa no copo, que caiu e se espatifou no chão.

Manteve-se ali, aquela mão, por mais alguns segundos, para espanto de Irwing. Depois, repentinamente, desapareceu.

Em seguida, Hélio apareceu e o lembrou do compromisso adrede assumido e que, pelo estado emocional dele, não poderia ser substituido.

— Sim, agora me lembro. Desculpe, havia-me esquecido completamente. Mas você disse iríamos? Não vamos mais?

— Só se você melhorar muito suas vibrações mentais. Como salvar alguém se necessita salvar-se a si mesmo? Na nossa missão, o equilíbrio é fundamental.

— Hélio, por favor. Eu preciso ir. Cecília não me sai do pensamento e eu sofro ao pensar que ela está infeliz por minha culpa. Eu prometo. Vou-me preparar e depois iremos. Você pode me esperar?

Hélio concordou.

Capítulo Vinte

Trabalhando no charco

As várias formas que a mente humana plasma a si mesma... No entanto, são todos filhos de Deus!

IRWING, POR ENQUANTO ESTAVA SALVO. DESPEJOU toda a bebida na pia e limpou os cacos espalhados pela cozinha. Sentiu-se um grande tolo em querer beber para fugir de seus problemas: *"afinal, embriagar-me não me levará a lugar algum a não ser ao túmulo, ao desrespeito a mim mesmo."*

Tomou um banho e foi para a cama. Orou demoradamente. Repudiou todo sentimento negativo, para concentrar-se somente no serviço da noite. Só conseguiu o equilíbrio necessário quase no início da manhã.

Depois de alguns minutos, foi saindo devagarzinho do seu corpo material. Fazia isso com muita facilidade. Ficou um pouco se balançando no ar, olhando seu corpo adormecido e o cordão luminoso que lhe dava um aspecto estranho de pipa ao vento.

Hélio o esperava.

– Vamos lá, amigo? Está disposto a libertar Cecília hoje? Lembre-se, Irwing, o que já lhe disse uma vez: o medo nos torna pequenos e dependentes.

– Você promete que não sairá de perto de mim?

– Eu não sairei de perto de você e nem o mensageiro da luz divina sairá de perto de nós. Somente graças a ele é que estamos enfrentando o pobre irmão trevoso.

– Estou me sentindo forte. *"Cecília, minha filha, hoje vou resgatar você daquela imundície. Não me odeie mais. Fui um crápula inqualificável, mas juro que nunca mais lhe causarei motivo de dor."*

Hélio segurou Irwing pelo ombro e saíram em grande velocidade.

Antes, porém, foram àquela espécie de laboratório onde ele e Irwing receberam um tratamento especial. Ficaram, por algum tempo, deitados em uma maca. Várias luzes incidiam sobre eles. Eram luzes de Espíritos divinos que se encontravam muito e muito longe dali. Projetavam a sua energia sobre eles, para que se fortalecessem ao máximo ante a tarefa que lhes cabia. Depois, sob a bênção dos que ali ficaram, despediram-se.

Atravessaram regiões belíssimas. De ar leve, purificado. Viram aves raras voejando ao redor de fontes; rios caudalosos, cujas águas transparentes lembravam um espelho; relvas verdes acolchoavam o chão; entidades espirituais nimbadas de luz que cegavam Irwing, mas que o embriagavam de paz. Hélio sentia tudo isso de maneira mais profunda ainda, pois que era bem mais evoluído que o companheiro de jornada. De seus olhos, lágrimas de graças ao Criador rolavam, discretas.

Depois, a paisagem foi mudando. O ar tornava-se espesso, quase irrespirável; a relva desapareceu e no seu lugar surgiram arbustos rasteiros, galhos secos como braços a implorar piedade. Espinheiros a cada passo do caminho, como a refletir o coração daqueles moradores. Os pequenos riachos que apareciam eram de água turva. E os seres espirituais... Santo Deus! Que formas animalescas! Exibiam carantonhas ferozes, uns; outros, maldiziam a sorte; outros, uivavam... Sim, não é metáfora, uivavam, literalmente. Muitos deles tinham a forma perispiritual tão deformada, que pareciam lobos... répteis... Ah, meu Deus! Tão diferentes paisagens não pareciam pertencer ao mesmo mundo... No entanto ali estava o lugar que eles que seus habitantes plasmavam com seus pensamentos e sentimentos. Era ali o lugar onde melhor se adaptavam... "Há muitas moradas na casa de meu pai."

Agora já não mais conseguiam volitar. Caminhavam vagarosamente por entre espinhos que se lhes agarravam às vestes.

A cada passo, o caminho tornava-se mais intransitável. O ar, mais pesado. Nem todos aqueles sofredores conseguiam vê-los, mas os que o conseguiam, escondiam-se rapidamente.

Por detrás de moitas ralas, que pareciam terem sido calcinadas por sol abrasador, pequenos lagartos se arrastavam molemente, deixando no solo viscosidade malcheirosa.

– Tudo bem, Irwing?

– Tudo bem, até aqui. Sabe se estamos sendo seguidos?

– Ainda não entramos na "zona proibida". Tenhamos fé. Relaxe. Mantenhamo-nos conectados com a luz.

Agora, a pouca claridade desapareceu. Hélio acendeu um pequeno aparelho e fraca luz violeta tapizou o caminho. Nada mais se podia ver além daquele pequeno facho. Os uivos e os lamentos cessaram. Fez-se silêncio. Se alguém estava à espreita, não queria ser percebido.

De repente, Irwing estacou. À sua frente, um lago lodacento. Haviam chegado. Assim que se puseram a observar, cabeças dançantes emergiram. Centenas. Milhares. O lago parecia não ter fim. E os lamentos espocavam de todos os lados: "Tirem-me daqui! Se sois mesmo trabalhadores da luz, tende piedade! Já não aguento mais... vou morrer aqui sem nenhum médico. Socorro! Chamem um padre, preciso me confessar, pois cometi um crime horrível!". E outros tantos lamentos continuavam.

O estranho é que outras criaturas pareciam completamente identificadas com o lugar. Parecia mesmo que gostavam dali. Riam das reclamações e as chamavam de mulherzinhas assustadas. Muitos deles aspiravam ruidosamente, como a saborear aquela lama pútrida. Outros saltavam para fora do charco, como golfinhos atrofiados e brincalhões, e exibiam corpos escamosos e escuros. Tudo isso lembrava uma dança satânica de seres dementados – réprobos a escarnecer da dor...

A Lua, como a temer tanta sandice, escondeu-se completamente, deixando os trabalhadores do bem na mais fechada escuridão. Hélio acendeu novamente sua lanterna.

O Senhor das Trevas não estava por ali e aquilo era bem estranho. Contavam ter que se livrar dele primeiro, mas ele, surpreendentemente, não estava ali.

Irwing, perguntou sobre isso.

– Talvez Cecília não esteja aqui. Ele a libertou uma vez. Informaram-me de que ele a havia devolvido à lucidez e que ela não quisera se submeter ao que ele queria, ou seja, transformar-se na Senhora das Trevas e, então, ele a levou de volta ao charco. Talvez ele tenha espalhado essa notícia para nos enganar, para escondê-la de nós.

– Claro... Ele deve estar rindo de nós a esta altura.

– Não rirá por muito tempo.

Hélio pediu silêncio e se concentrou. Era experto na arte de comunicação telepática e inspiração. Irwing ficou orando, pois temeu que algo lhe acontecesse enquanto Hélio se concentrava. Depois de algum tempo, o Espírito lhe fez um sinal de positivo e se afastaram do lago. Desceram um precipício. Estranhas aves voejavam por ali, assanhadas pela luz da lanterna. Novamente a Lua surgiu. Tímida. Opaca. Então, eles puderam ver os estranhos seres que habitavam por ali. Olhos sinistros de pavor seguiam-nos às escondidas, mas não se lamentavam; pareciam seres emudecidos, cujas bocas retorcidas não passavam de pequenas aberturas. Hélio esclareceu:

— Neste lugar, habitam os maledicentes. Aqueles que caluniaram, mentiram, que usaram a palavra para denegrir imagens, para infelicitar. Consequentemente, perderam o dom da palavra e atrofiaram a boca. Com certeza, ao tomarem um novo corpo, serão mudos.

— Oh, meu Deus! Como a justiça nos alcança onde quer que estejamos!

— Sim... Ninguém se lhe foge. Hoje, daqui a uma hora, amanhã, um mês, um ano, um milênio... eis que ela nos salta à frente.

Finalmente chegaram até onde Hélio presumiu que o Espírito Cecília estivesse. O chão era escorregadio. Lama escura circundava um charco. Ao se aproximarem, inúmeras cabeças naquele estranho bailado já visto no primeiro charco. Lamentações. Braços estendidos. Clamores de socorro.

Irwing já presenciara aquilo e não se assustou tanto, mesmo assim foi cauteloso. Hélio dava as coordenadas e ele as obedecia. Muitas mãos tentavam segurá-lo e ele temeu ser puxado para dentro do charco.

– Tome cuidado. Não se deixe tocar e nem alimente o medo. Peçamos a Jesus coragem e sustentação. Vou providenciar uma prancha.

– Uma prancha? Ah, assim está melhor... Quer dizer que vou surfar?

– Digamos que sim. – e Hélio se afastou recomendando prudência. O pântano silenciou por alguns instantes. Só se ouvia o grasnar estarrecedor das aves (aves?). Dali a instante, Hélio voltou com uma prancha.

– Aqui está. Trouxe também um remo, você vai precisar dele não só para dar impulso à prancha, como também para se defender.

Irwing fez uma rápida prece e jogou a prancha naquelas águas pesadas. Hélio ficou à retaguarda lhe dando sustentação. Novamente a gritaria. Alguns Espíritos mal-intencionados se aproximaram e se sentiram atemorizados pelo remo.

Demorou muito tempo para ele percorrer todo o pântano. Muitas vezes, precisou vencer algumas batalhas com aquelas pobres criaturas. Seu desespero crescia, porque não conseguia achar quem procurava. Então, gritava:

— Cecília! Cecíliaaaaaa! Onde está você? Não tenha medo de mim. Vim tirá-la daqui. Cecíliaaaa! Confie em mim... Não vou lhe fazer nenhum mal, minha filha...

Estava exausto quando voltou. Não havia encontrado Cecília. O Senhor das Trevas já a havia retirado dali e a levado para sua caverna. Hélio se surpreendeu:

— Creio que subestimamos o Senhor das Trevas. Ele já a retirou daqui quando percebeu que estávamos nos dirigindo para cá.

— E agora?

— Agora vamos aproveitar a oportunidade e salvar quem já está pronto para ser salvo... Cecília não é a única que merece socorro.

Irwing titubeou. Não achou a ideia boa. Viera ali por Cecília e não para se arriscar com "outros".

— Acho que devemos voltar, Hélio. Estou muito cansado e esses outros...

— ... esses outros são também nossos irmãos. Vamos. Temos de aprender a amar a todos, indistintamente.

— Cecília... Meu Deus! Ouvi dizer que os suicidas vão para um vale. O vale dos suicidas. Será...?

— O caso dela foi diferente. O Senhor das Trevas estava junto dela na desencarnação. Foi ele quem estimulou você ao erro e a ela ao suicídio. Depois, ele a arrebatou.

— Que monstruosidade que eu fiz! Santo Deus! Como pude?

— Meu amigo... Não dá para modificar o passado, mas dá para melhorar o futuro. Não sou ninguém para condená-lo. Mas como ia dizendo, ele estava lá; também teve sua parte na tragédia.

— Mas os Espíritos que cuidam do desligamento, o próprio anjo da guarda dela, permitiram que ele a levasse?

— No suicídio, eles não podem desligar imediatamente os liames que ligam o perispírito ao corpo físico... Às vezes, o Espírito fica ligado ao corpo e sente os vermes a devorá-lo. Mas não se pode generalizar. Cada caso é um caso.

— Mas isso é impiedoso!

— Existem coisas muito mais impiedosas que nós praticamos sem nos dar conta...

Hélio parou no meio da frase. Irwing entendeu. Sentiu-se humilhado.

— Existem razões fortes para que fiquem, aparentemente, entregues a si mesmos. Uma delas é permitir que o suicida viva sua triste experiência a fim de não repetir mais o erro. A melhor coisa para qualquer aprendizado é a experiência. Enquanto houver fluido vital no corpo, o perispírito permanecerá ligado a ele. O Senhor das Trevas sabe disso. Então, ficou com ela até o esgotamento total desses fluidos, do qual ele próprio se beneficiou. Permaneceu com ela, como um cão de guarda, na sua sepultura, enquanto tentava, sem o conseguir, desligá-la do corpo. Só depois de muito tempo Cecília pôde se livrar do corpo pútrido.

— E depois? Se ele teve todo o trabalho para resgatá-la, por que permitiu que ela fosse parar no pântano?

— Porque ela, uma vez que recobrou a consciência, não quis ficar em sua companhia. Ele queria fazê-la a Senhora das Trevas. Reinariam juntos e fariam todas as maldades imagináveis. Ele já foi ligado a ela em muitas existências. Ama-a, ainda.

— Isso é espantoso!

— É claro que Cecília não concordou. Então, ele a levou para o pântano, mas não se descuida dela. Retirou-a de lá, com certeza, porque imaginou que nós viríamos resgatá-la. Antecipou-se a nós.

— Espertalhão. Gostaria de dar a ele o que merece...

— Olha, Irwing, não se faça de juiz. Não temos nenhuma qualificação espiritual que nos recomende a isso. Também nós muito temos errado.

Irwing não esperava aquela resposta. Teve de concordar e, desconsolado, balançou a cabeça.

— Meu amigo, pense em Jesus, peça-Lhe ajuda. Trabalhar sem amor, pouco ou nada lhe acrescentará em méritos. Jesus quer que trabalhemos com alegria e bom ânimo.

Irwing compreendeu. Não mais viu naqueles infelizes, desconhecidos desprezíveis, e sim, irmãos necessitados de ajuda. E preparou-se para ajudá-los, entrando no charco. De longe, gritou a Hélio:

— Como vou saber quem merece sair daqui? Quem está pronto?

— Se você estiver conectado com a luz, saberá.

Muitos seres emergiam, sempre gritando por socorro. Outros não pareciam querer sair daquele lugar. Pareciam, mesmo, até felizes e adaptados ali, naquela lama que os escurecia.

Irwing renovou seus pensamentos e sentimentos. Passou a olhá-los com amor. Suplicou a Deus pudesse ele ser digno de trabalhar na sua seara, então...

– Socorro! Tirem-me daqui!

Quem assim pedia era uma mulher de olhos tristes. Parecia mais uma caricatura. Irwing pensou em Jesus e sentiu que ela poderia ser salva, que já esgotara sua cota de dor. Retirou-a. Acomodou-a na prancha. Ouviu uma gritaria ensurdecedora:

– Não a leve daqui. Todos os dias nós a acorrentamos num tronco e a surramos. Ela foi cruel e não perdoava ninguém...

E sucessivas acusações eram pronunciadas. Irwing, por um momento, pensou se não teria agido mal.

"Prossiga seu trabalho, amigo. Não dê atenção ao que ouve" – alguém lhe falava aos tímpanos espirituais.

Depois de já ter recolhido dezenas de sofredores, retornou, sem nenhum incidente desfavorável. Hélio o aguardava na margem enlameada.

– Que Deus o recompense, amigo. Hoje você subiu mais um degrau no seu caminho evolutivo.

– Deus é misericordioso. Dá a nós, filhos ingratos, a oportunidade da redenção.

O trabalhador do bem estava cansado, mas muito feliz. Naquela noite, havia devolvido a paz a muitos Espíritos sofredores, e isso, de alguma forma o aliviava, mas o que queria mesmo ficara para outro dia. Hélio teria de se informar sobre o paradeiro de Cecília. Mas já era um consolo saber que ela não estava no charco.

Amanhecia quando retomou seu corpo físico e quando Hélio adentrou um posto de pronto-socorro espiritual com uma carga gemente.

No dia seguinte, Irwing acordou insatisfeito. Não soube o porquê, mas sabia que tal insatisfação estava relacionada a Cecília. Antes de se levantar, fez uma prece. Preparou o café para os filhos, arrumou-os para a escola e foi para o trabalho.

Capítulo Vinte e Um
Mais decepções

A vida assemelha-se a uma peça teatral autônoma onde todos os atos são escritos por nós.

GEÓRGIA CONTINUAVA HOSPITALIZADA E IRWING E Flávia eram suas constantes visitas. Hercília continuava a dominar mentalmente Irwing, de forma que ele pensava constantemente em se casar com ela. Só não o fizera, ainda, porque mesclava momentos de sensatez.

Flávia se indignara a tal ponto, que chegara a gritar com ele.

– Não acredito nisso! Pra mim você pirou, mesmo! Mal conhece essa dona e já pensa em se casar com ela?

– Gostaria muito que você entendesse. Não é por mim, é pelas crianças que quero me casar... quer dizer... casar... casar... de papel passado não. Vamos ficar juntos um tempo para ver se dá certo, se ela e as crianças se darão bem... não sei... estou confuso.

Geórgia, ao saber da intenção do amado, quase se esfacelou de dor. Depois compreendeu. Havia sido tola ao imaginar que Irwing voltaria para ela. O que ela poderia lhe oferecer? Aquela vida consumida pela terrível doença? Seu coração transbordante de desespero? De decepção? De angústia?

E a vida ia novamente minguando dentro dela. Ao entusiasmo do primeiro momento, uma lassidão a tomava e ela voltava a ver na morte sua única porta de saída. Estava decepcionada. Vivera até ali na esperança de rever Irwing, e agora... Nada tinha a lhe oferecer senão preocupação e desesperança. Mesmo assim, a alma queria ficar, mas o corpo se negava a continuar lhe servindo e, tal locomotiva avariada, ia aos poucos parando.

– E você, Geórgia, também acha que eu não deveria me casar?

– Acho que você já é bem grandinho para decidir sobre sua vida. Só pense em uma coisa...

– Em quê?

– Veja se você vai dar a seus filhos uma mãe ou uma madrasta que os fará sofrer ainda mais.

Irwing tomou as mãos brancas da doente. Ajeitou seu cabelo rebelde:

– Geórgia, você precisa ficar boa logo, minha amiga. Para me ajudar... – e parou de falar porque o choro se lhe travou a voz.

Flávia e Geórgia olharam-no, condoídas. Nada disseram. Os soluços de Irwing foram pouco a pouco diminuindo. Era uma alma confusa, não sabia como sair da estranha situação na qual se debatia.

– Desculpem-me, amigas. Ultimamente ando tenso. Parece que estou enleado dentro de alguma coisa estranha. Quero fugir, mas me entrego. Às vezes, penso que quero me casar com Hercília, outras vezes quero fugir pra longe dela. Sinto-me como um fantoche sem vida própria.

Enquanto Geórgia era só carinho e compreensão, Flávia era só fúria. O ciúme picava e repicava sua alma, e ela endureceu com ele:

— Ah... Coitadinho! Tão imberbe... Tão imaturo... Faz pena olhar pra você.

— Não diga isso, Flávia. Não seja assim tão rancorosa! Que coração de pedra! – rebateu Geórgia.

— Pronto. Falou a irmã Paula. Comovente!

E, ríspida, acrescentou:

— Você fala assim porque está à beira da morte. Quando melhorou um pouco, não pensou assim... Se, por algum milagre, saísse dessa cama, não cederia seu amor a ninguém, confesse!

Geórgia ficou mais pálida. Jamais poderia imaginar que a amiga de tanto tempo lhe dissesse palavras tão impiedosas. Mas seu coração não conheceu a revolta. Compreendeu que Flávia amava Irwing, igual, ou talvez até mais do que ela.

— Você tem toda razão. Devo admitir que se meu estado fosse outro, eu lutaria pelo amor dele; não pensaria em cedê-lo a ninguém. Nem a você. Quem ama com paixão desvairada não sabe ceder... Torna-se egoísta.

Irwing estava boquiaberto. Inquietava-o ser o motivo daquela discussão entre as amigas. Havia percebido que Flávia havia mudado muito e talvez agora é que estivesse sendo a Flávia verdadeira; que aquela moça bondosa... cordata... amiga... de outros tempos, fora tão somente um disfarce como... como suas perucas?

– Flávia, você me decepciona. Como tem coragem de dizer isso a uma pessoa que está... – parou no meio da frase. Geórgia completou:

– Que está a um passo da morte. Não é isso que ia dizer?

Irwing calou-se.

– Geórgia, me perdoe – pediu Flávia –. Não sei o que deu em mim, minha amiga. De repente, senti um desejo enorme de feri-la e a Irwing. Vocês têm razão... Eu sou muito má – e retirou-se.

– Flávia, não se vá assim. Espere-me. Também já estou indo. Geórgia, minha amiga, fique com Deus – e seguiu apressado a moça, que já ia a uma boa distância.

Alcançou-a na porta do elevador. Flávia estava de cara amarrada e nem olhou para ele. Ainda parecia furiosa.

– Não seja criança, Flávia. Você mudou muito! Nem parece a mesma que me recebeu tão bem quando estive em sua casa com Cecília...

Flávia, que estivera até aquela hora segurando as lágrimas, não mais se conteve:

– Você é cego ou o quê? Ainda não percebeu que estou apaixonada por você?

Irwing já tinha percebido. Mas... Como corresponder àquele amor? Lembrou-se de que até cogitara de morar com ela, mas... ela era uma prostituta! Não seria uma boa influência para os filhos. Ainda que abandonasse a "profissão", ele não confiaria nela.

– Flávia, você é apenas uma boa amiga. Não confunda as coisas.

– Sei a razão.

– Se sabe, deve me compreender.

Flávia chorava. As pessoas passavam por eles e voltavam o olhar, curiosas. Nunca em sua vida havia sofrido por amor. Apesar de não ser nenhuma jovenzinha, estava debutando na arte de amar.

Chegaram ao portão da casa de Flávia. Ela não o convidou a entrar. Agradeceu-lhe a companhia e se fechou com sua solidão.

Depois, já refeita, pensou melhor e resolveu que lutaria pelo amor de sua vida. *"Ora, posso ser uma prostituta, mas esse safado não é melhor do que eu. Não mesmo!"* Enxugou furiosamente os olhos. *"Preciso é mudar meu esquema de ataque. Mostrar-me-ei muito amiga dele e dos filhos; aproximar-me-ei de Hercília, fazendo-me de sua amiga."* – E novamente já a esperança lhe invadia o coração.

༄

Irwing convidou Hercília para visitar seus filhos. Como esperado, a moça se desdobrou em atenção com as crianças. Maria Inês e Armandinho ficaram encantados. Hercília lhes seria, afirmara ela, não uma madrasta ciumenta, mas uma amiga que compartilharia com eles até as brincadeiras.

Mas Irwing não queria iludi-la com promessas de casamento. Ainda não estava totalmente alienado. Os "trabalhos" de Hercília não estavam sendo cem por cento eficazes. No fundo da alma, ele sentia a vulgaridade da moça.

Geórgia, de repente, começou a desistir da luta. Já não tinha mais forças. Não mais se levantava da cama. Chamou uma enfermeira e lhe pediu que ligasse para Flávia. Sabia que a amiga lhe atenderia ao último desejo. A enfermeira acudiu prestativa.

– Cida, você me faz um favor? Preciso que você ligue para minha amiga Flávia. Aqui está o número. Peça-lhe, por favor, que venha me visitar amanhã e traga papel e caneta. Preciso que ela me escreva outra carta.

— Claro, Geórgia. Só isso?

— Só isso. Obrigada, Cida.

Flávia foi vê-la naquele mesmo dia. Desde a briga com a amiga, não mais a visitara e isso a incomodava bastante.

— Oi, minha amiga. Como tem passado?

— Como vê, estou no fim...

— Não diga isso... — mas não teve coragem de iludir a doente. Olhou-a nos olhos encovados e chorou.

— Ora, Flávia, não me lamente. É melhor morrer do que continuar vivendo daquele jeito. Sabe, mesmo que eu me curasse, jamais voltaria àquela vida. Você deve mudar de vida enquanto ainda é tempo, minha amiga.

— Já pensei nisso. Mas é muito difícil... Irwing era minha esperança de mudança, mas está apaixonado por Hercília.

— Prometa-me, Flávia, que vai mudar de vida. Olha... Eu tenho um irmão viúvo na Itália. É muito simpático. E novo ainda. Acabou de fazer quarenta e cinco anos. Tem um corpo de atleta...

Flávia interrompeu a amiga:

— Do que você está falando? Acha que ele pode

me querer? Acha que posso ir correndo atrás dele e dizer: Olha, sou Flávia, uma amiga de sua irmã. Não quer quebrar o meu galho e se casar comigo? – acabou de falar e riu.

– Flávia, é sério. Eduardo gostará de você, tenho certeza. Ele sempre procurou alguém e nunca encontrou. Vamos lá, vou lhe ditar uma carta. Ele deve vir para cá, sempre fomos muito apegados e, na última correspondência que você escreveu para mim, ele respondeu dizendo que estava pensando em vir morar aqui no Brasil. Casando-se com você, tudo estaria resolvido para ele, que ficaria legalmente aqui.

Flávia sorriu:

– Para você parece tudo tão simples, não?

– E é simples. Sei que, quando se conhecerem, ele se apaixonará por você e você por ele.

– Mas você se esqueceu de que amo Irwing. Não posso substituí-lo em meu coração, assim tão de repente.

– Pelo que nós duas conhecemos de Irwing, ele jamais se casará com você. Desculpe-me lembrá-la de sua profissão... Então, o melhor é esquecê-lo.

– Mas, Eduardo me aceitará? Aceitará uma mulher de programa para sua esposa?

— Apesar disso, sei que você é uma boa pessoa. Todos têm o direito de mudar de vida. Ele não precisa saber, pelo menos até que esteja apaixonado. Vamos, sua boba, dê uma chance pra você. Não volte àquela vida. É deprimente demais! A AIDS pode lhe pegar um dia...

Flávia balançou a cabeça. Depois, ficou séria:

— Geórgia, já deixei as ruas. Há tempo não pratico mais a prostituição. Escrevi a meus pais. Eles choraram muito e prometeram vir pra cá. Vão me ajudar com uma mesada até eu conseguir um emprego. Começo a me sentir limpa. Decente.

Geórgia exultou de felicidade:

— Deus é grande! Amiga, não volte às ruas nunca mais! Neste meu leito de dor, tenho pensado muito. Eu errei. Jamais deveria ter-me tornado uma prostituta. É preferível mendigar. A dignidade do ser humano tem de ser preservada custe o que custar. Veja o meu caso. Sou, indiretamente, uma suicida, pois adquiri a maldita doença na promiscuidade das ruas e entrego-me à morte sem resistência.

— Quanto ao que você me propôs... Seu irmão... Vamos dar tempo ao tempo. Mas não vou enganar ninguém.

– Prometa que vai pensar nisso. Se um dia eu estiver perto de Deus, rogarei por você. Agora, vamos. Papel e caneta.

Flávia escreveu a carta. A amiga se despedia dos familiares, rogava-lhes uma vez mais o seu perdão e falava da grande amiga-irmã, Flávia. Principalmente a Eduardo, não poupou elogios a ela. Claro que nada falou do passado de ambas.

Dois meses se passaram. Arrastados. Pesados para Geórgia, até que um dia, no silêncio de uma tarde fria, a morte pousou suas mãos veludosas sobre ela. Foi um toque sutil. Não trajava o horrível manto negro, nem tinha os olhos vazados e nem carregava a ceifadeira. Viera em um carro de luz e, após receber o combalido Espírito Geórgia, dirigiu-se para uma das muitas casas do Criador do mundo.

O leitor poderá estar se questionando: Mas ela fora prostituta; suicida indireta. Como pôde ser tão bem amparada na hora da desencarnação?

Tudo na vida é relativo. O erro de Geórgia não foi por maldade ou má fé. Errara por ignorância das leis de Deus, mas tão logo se esclareceu sobre ela, arrependeu-se e se modificou. Claro que já havia disparado o gatilho das reações e, claro, deveria aprender com a dor, mas lembremo-nos de que, se a Lei é inexorável, sempre age com amor.

Capítulo Vinte e Dois

Duas Pretendentes

As ilusões são pedras de tropeço.
Aprenda a removê-las do seu caminho.

Irwing, naquela noite, sairia novamente com seu protetor Hélio, para tentar resgatar Cecília. Hélio o esperava pacientemente, mas ele estava animado, conversando com Hercília e não via as horas passar.

A moça tentava envolvê-lo através do sexo. Praticamente se oferecia a ele, mostrando que a dignidade passara bem longe do seu caráter. Irwing, todavia, respeitava a presença dos filhos que dormiam ali, bem próximo deles.

– O que foi, Irwing? Qual é a sua? – disse, com ironia.

– Causa-me espanto que você me pergunte isso! Não vê que as crianças podem acordar e aparecerem aqui a qualquer momento?

Hercília fingiu-se de muito magoada. Depois, disse que ele estava coberto de razão, que ela, por tanto amá-lo, havia sido inconsequente. Irwing, no entanto, já se arrependia de sua precipitação. *"Essa moça não é boa coisa, não. Desde que a trouxe para dentro de casa, tenho pressentido umas figuras estranhas circulando por aqui."*

A campainha tocou:

– Quem será a essa hora? Você está esperando alguém, Irwing?

– Não.

Era Flávia. Passava por ali e viu luzes na casa. Resolveu entrar para bater um papo com Irwing, só não contava encontrar Hercília por lá. As duas haviam-se conhecido no velório de Geórgia. Dispensável dizer que foi antipatia à primeira vista.

– Sente-se, Flávia. Que bom que você resolveu aparecer – disse Irwing.

– Não acha um pouco tarde para visitas? – perguntou Hercília.

Irwing interveio:

– Que tarde, que nada! Flávia, você está com algum problema? Precisa de alguma coisa? Você sabe o quanto lhe quero bem...

Hercília mordeu o lábio inferior. *"Sei muito bem o que essa safada quer."*

– Irwing, podemos conversar em particular? Se não der hoje, podemos marcar para outro dia.

– Absolutamente. A Hercília já estava de saída, não é? – olhou para a moça, intimando-a a sair.

Hercília levantou-se, beijou Irwing e saiu sem se despedir de Flávia. Estava furiosa com Irwing e jurou que, quando casados, ela lhe devolveria ofensa por ofensa. Não era do tipo que esquecia fácil e aquele homem extrapolara os limites. *"Um grosseirão, isso que ele é. E aquela sonsa pensa que não sei qual é a dela! Pois sim, minha cara, espere sentada que eu vou lhe dar o meu homem."*

– Agora pode dizer, Flávia. O que aconteceu?

– Não é nada... Nenhum problema. Aliás, acho que me livrei do problema. Não via a hora de lhe contar.

— O quê? Contar o quê? Fale, criatura!

— É que meus pais estão em casa e...

Irwing percebeu que Flávia corou.

— Que bom pra você.

— Pois é... O que eu quero mesmo dizer é que abandonei de uma vez por todas a prostituição. Não sou mais mulher de programa. Pronto! Falei!

Irwing sorriu:

— Ah, Flávia, como é bom ouvir isso. Esse caminho não é pra você, uma moça tão linda e tão humana!

— Quem me fez decidir foi Geórgia. Pobre Geórgia! Foi uma vítima inocente. Antes de ela morrer, conversamos muito sobre isso. Depois, falei com meus pais, que estão muito bem financeiramente e que nunca aprovaram o modo como eu ganhava a vida. Meu pai abriu uma conta para mim num banco e vai depositar, todo mês, uma boa mesada até eu arranjar emprego. Sabe, sou professora e vou voltar a lecionar.

Flávia falava abruptamente. Como se tivesse necessidade de lavar a alma, livrá-la de toda a nódoa que se lhe impregnara.

Irwing ficou emocionado. *"Eu não poderia tê-la tirado das ruas? Ela parece me amar de fato. A mim caberia o mérito de ter salvado uma vida. Ela me seria grata eternamente. Mas fui cego e egoísta."*

– Você... o que me diz?

– Que benditos sejam o seu pai e sua mãe. Bendita seja você. Bendito seja Deus.

Flávia sorria como uma garotinha que tivesse ganhado um presente novo. Aquela decisão lhe devolvia a dignidade e lhe dava o direito de lutar por Irwing. Mas, como um espinho, a lembrança de Hercília lhe picou a alma. A garganta se lhe apertou. Ela sentiu que choraria a qualquer momento. Mas não queria parecer uma chorona e reprimiu as lágrimas.

Hélio já se impacientava. Aquela visita já estava se demorando demais, e Irwing tinha obrigações a cumprir tão logo adormecesse. Assim, aproximou-se dele e lhe aplicou recursos magnéticos. Um sono profundo se abateu sobre ele.

– Irwing, você não para de bocejar. Deve estar cansado e com sono. Desculpe-me vir vê-lo tão tarde. É que estava explodindo de vontade de lhe contar que nasci de novo.

– Realmente, Flávia. Preciso ir dormir. Mas saiba

que estou também muito feliz. Amanhã conversaremos mais.

Despediram-se.

Tão logo caiu na cama, adormeceu. Hélio lá estava:

— Arre! Nunca vi ninguém mais disputado pelas mulheres... Esqueceu seu compromisso?

— Você sabe que quando estou acordado não me lembro de você. Mesmo nossas estranhas viagens, lembro-me delas de forma nebulosa.

— Hoje vamos resgatar Cecília.

— Você sabe onde ela está?

— Sei. E não vai ser nada fácil.

— Ela está com o Senhor das Trevas?

— Sim. Vamos. No caminho eu lhe conto.

Capítulo Vinte e Três

O Resgate Frustrado de Cecília

*O umbral não é obra de Deus,
mas produto de mentes doentias e infelizes.*

Irwing e Hélio volitavam em grande velocidade. Cidades, campos, rios, iam passando lá embaixo. A natureza oferecia-lhes um espetáculo de sons e luzes a deslumbrá-los.

Alguns minutos mais, e tudo já se transformava. Foram obrigados a diminuir a velocidade, pois ali o ar era denso e Irwing sentia os pulmões doerem e os músculos pesarem. Hélio compreendeu e o estimulou a mentalizar um ar mais purificado, o coração batendo num ritmo normal, todo o seu corpo se harmonizando...

— Não fique tão impressionado com isso, Irwing. Quebre essa corrente negativa. Quando pensamos, estamos ideando, criando formas que nos rodeiam e influenciam. Então, pensemos em coisas boas. Estaremos, assim, fornecendo material para que elas se realizem.

— Parece fácil... pra você talvez o seja, mas para mim é ainda muito difícil mentalizar prazer quando estou sentindo dor.

— Você sempre querendo o colinho da mamãe. Reaja! Não é com lamúria de menina dengosa que vamos tirar a Cecília de lá.

Irwing ia protestar quando uma estranha ave (ave?) passou por eles. Era negra como a noite. Crocitava como um corvo, mas tinha aparência humana. Principalmente os olhos.

— O que é essa coisa que passou por nós? Um corvo com feição humana, ou um humano com feição de corvo?!

— Não pude reparar direito. — respondeu Hélio.

— Oh, meu Deus! Quanto temos, ainda, a aprender sobre a realidade espiritual. Poderá a criatura transmudar-se de fisionomia a tal ponto? E por quê?

— Não conhecemos direito o umbral. Só sabemos que a mente pode plasmar várias formas; pode fazer do lugar um inferno ou um paraíso, dependendo de nossa mentalização. Esse lugar, por exemplo. Acha que foi idealizado por Deus?

Irwing estava impressionado demais para falar. Hélio continuou:

— Acha que Deus criaria um lugar como este? É evidente que não. Quem o fez assim, escuro, pesado, vegetação espinhosa, rios de água escura e viscosa, criaturas monstruosas, foi o próprio Homem desencarnado.

— E por que Deus permite?

— Na Sua misericórdia, Deus compreende que eles só podem fazer aquilo que sabem. No estágio em que se encontram, não conseguem idear formas positivas e divinas e este é o melhor lugar para eles. Há aqui os chamados vingadores do espaço, que também se aprazem de aqui ficar. E Deus permite isso, pois, indiretamente, eles estão sendo um braço da justiça a alcançar o pecador, aquele que desrespeitou as suas leis. Deus não criou o mal, mas aproveita-se dele em benefício da própria criatura em evolução.

— Mas esses vingadores também estão desrespeitando a Lei. São igualmente culpados. Quem deu a eles esse direito? E quem os punirá?

— Se você pensa que a justiça divina é manca, está enganado. Também para eles chegará o dia do acerto de contas. Ninguém fica indefinidamente no mal. Eles também responderão pelos seus atos. Lembre-se de que não se colhem flores em canteiros mal cuidados. Mesmo sabendo disso, ainda teimamos em lavorar espinheiros. Até um dia em que nos feriremos de tal modo, que vamos substituir o plantio.

— Deus é perfeito em sua misericórdia.

— Deus é perfeito em tudo... Senão, não seria Deus.

Atravessaram, conversando mentalmente, um lugar malcheiroso. A luz aparecia, de vez em quando, como um pequeno e distante farol a guiar-lhes os passos.

Repentinamente, um bando de Espíritos saiu de dentro de um buraco no solo. Um formigueiro. Lembrava um formigueiro. Iam saindo desconfiados e arredios e se postavam diante dos trabalhadores do bem. Quando se esvaziou aquele "formigueiro" humano, o que parecia ser o líder falou:

— Mensageiros do cordeiro. Estamos aqui escondidos há muito tempo esperando que alguém nos socorra. Por piedade. Uma luz esteve aqui um dia desses e disse que breve seríamos libertados; que orássemos muito e não perdêssemos a fé. Hoje, acho... Serão vocês que irão nos levar daqui?

Hélio e Irwing estavam aturdidos. Jamais viram coisa igual. Um bando de criaturas de Deus escondidas, feito tatu, à espera de alguém que as libertasse.

– Quem os ameaça?

– O Senhor das Trevas. Ele disse que somos escravos dele e que lhe devemos obediência.

Enquanto o líder falava, os outros olhavam de todos os lados, como se esperassem surgir, a qualquer momento, o algoz. Um barulho no mato ralo fez com que se atropelassem na entrada do buraco. Não sobrou ninguém ali. Fugiram espavoridos.

O barulho era de alguns animais, ou não seriam animais? Passaram amassando o mato e seguiram não se sabe para onde. Quando já estavam longe, Hélio chamou os infelizes. Pouco a pouco, foram saindo novamente. Desconfiados. Trêmulos.

– Meus irmãos em Deus-Pai. No momento, temos uma tarefa a realizar, mas na volta os levaremos daqui. Podem esperar mais um pouco? Antes do raiar do dia estaremos de volta.

Tais infelizes choravam. Prometeram esperar dentro do buraco. Hélio e Irwing seguiram seu caminho.

– Diga-me, Hélio, como vamos poder levar tanta gente assim? Eles terão condições de partir daqui? Quero dizer... Será que serão recebidos em outro lugar?

– Quanto a isso, não se preocupe. Eles, com certeza, já estão aptos a habitar um lugar melhor. A vibração deles está condizente para habitar a colônia mais próxima daqui.

– Como os tiraremos daqui? Não podemos carregá-los, e eles parecem enfraquecidos, não conseguirão caminhar por muito tempo. Tampouco volitar.

– Vou entrar em contato com meu orientador que, aliás, está nos supervisionando de longe. Ele nos vê o tempo todo, então... Talvez ele seja a luz referida por aquele companheiro. Nada por acaso. Deus tem caminhos dos quais nem suspeitamos. Veja você, que eles permaneceram aqui até que pudessem viver em um lugar mais ameno. De alguma forma, o sofrimento se lhes expurgou grande parte da rudeza espiritual. Já abandonaram parte do lastro que os prendia aqui. Para levá-los, vou pedir um veículo. Eles não têm condições de irem por eles mesmos e nós não podemos carregá-los.

Irwing ficou pensativo. Mentalmente rendeu graças ao criador da vida. Suplicou-lhe que os ajudasse no resgate de Cecília. *"Não podemos voltar sem ela."*

Estavam agora bem próximos de uma caverna. Hélio tirou um mapa do bolso e, após um exame atento, cochichou:

— Chegamos! Que Deus nos ampare.

— Pensei que ela estivesse no charco.

— Foi de lá retirada. O Senhor das Trevas retirou-a antes de nós e a escondeu aqui. Ele tem verdadeira fascinação por ela desde longa data e não permitiu que ela sofresse por muito tempo.

— Mas... Ele tem tal poder?!

— Infelizmente, a treva também tem sua força, todavia, atua tão somente como instrumento nas mãos da justiça. Nada foge ao controle da luz. Sem que saibam, são prestadores de serviço.

Irwing ficou pensando por alguns segundos:

— Não entendo como uma pessoa, ou melhor, um Espírito, pode ser tão maldoso com alguns e tão complacente com outros.

— Ninguém é totalmente mau. O pior criminoso tem a herança do Criador, embora embotada por quilos de iniquidades. Depois voltaremos ao assunto. Agora, silêncio.

A caverna tinha um guardião à porta. Uma tocha mortiça iluminava a entrada. A escuridão ali era quase total. Apenas uma bruxuleante luz. O guardião bocejava. Percebia-se que estava entediado.

Hélio e Irwing aproximaram-se, cautelosos.

— Vamos ter de ficar invisíveis. Veja que o guarda está armado. Lá dentro deve ter mais. O Senhor das Trevas sabe que, com certeza, não desistiríamos de resgatar Cecília.

— Não será mais fácil chamarmos alguém para prendê-lo?

— Por que faríamos isso se nós mesmos podemos entrar lá e tirar Cecília, "homem de pouca fé?" Não trema tanto, Irwing. Estamos sendo supervisionados e, qualquer coisa que dê errado, seremos retirados imediatamente daqui. Nada receie. Até parece que é a primeira vez que você sai em missão de socorro!

Irwing acalmou-se. Ordenou-se a ficar mais confiante. Nada temeria. Lembrou-se de outras vezes em que tudo parecia difícil e ele saiu vitorioso.

Ficaram o mais invisíveis possível e conseguiram passar com relativa facilidade pelo guarda dorminhoco.

No interior da caverna, ouviram vozes. Pararam e ficaram atentos.

– Meu Deus! É a voz de Cecília... Sim... Eu reconheceria essa voz entre mil! *"Cecília, estou aqui, minha menina. Mas, terei coragem de encará-la? Depois do que lhe fiz? Quererá ela vir comigo?"*

– Silêncio. Vamos ouvir. Ela está conversando com o Senhor das Trevas.

– Ah, Stanislaw, meu amigo. Não é me escondendo aqui como sua escrava que terá o meu amor. Vamo-nos daqui... nós dois.

– Berenice, minha amada de todo o sempre. Não seja rebelde. Não quero maltratá-la. Você sabe que eu não teria coragem, mas diga que desta vez aceitará ser a Senhora das Trevas. Viveremos aqui, felizes para sempre. Não precisamos de ninguém, senão um ao outro.

– Cale-se, Stanislaw. Vejo que você não progrediu nada! Se Deus me afastou de você por tanto tempo, foi para ver se a minha ausência lhe motivaria a transformação. Mas não! Você continua o mesmo. O amor que diz sentir por mim não é suficiente para modificar suas tendências, seu gênio vingativo e cruel!

– Cale-se você, Berenice. Bem sei que também não tem progredido muito. Por que pensa merecer o paraíso? Uma suicida por duas existências!

– É verdade. Tenho falhado desastrosamente. Em

parte porque você me sugestionou, em parte porque sou fraca ante os reveses da vida. Mas... Sou mais consciente do que você, Stanislaw.

— Não me chamo mais Stanislaw. Hoje sou Yarko, o Senhor das Trevas.

— Eu também não sou mais Berenice. Já me chamei Nayla e agora sou Cecília.

— Berenice, Nayla ou Cecília. Não importa. O que importa é que você tem me feito sofrer.

— Mas esse sofrimento de nada lhe valeu! Ao invés de sensibilizá-lo, mais o revoltou. Sua dor, nesse caso, não tem mérito algum. Você se tornou mau. Repugna-me a ideia de partilhar contigo o domínio deste lugar infame!

— Não vê, Cecília, que seu lugar é ao meu lado?

— Ficarei ao seu lado, mas não aqui. Vamos sair deste lugar abominável. Sei que mereci vir para cá, pois mais uma vez errei, mas sinto que já fui castigada. Agora, quero ir para um lugar tranquilo, se Deus assim o permitir, e lá reorganizar minha vida.

Cecília falava carinhosamente com Yarko. Envolvia-o em sentimentos fraternos.

— Isso é impossível! Nem eu nem você sairemos daqui. E não permitirei que você saia. Nunca! — E saiu, esbravejando. Passou rente a Hélio e a Irwing sem vê-los. Ao passar pelo guarda da entrada, o esbofeteou, alegando que ele estava dormindo ao invés de vigiar.

Hélio e Irwing estavam boquiabertos. Yarko, o Senhor das Trevas, tão duro, tão arrogante, parecia um menino birrento diante de Cecília.

Assim que Yarko se afastou, eles entraram. Estavam, ainda, invisíveis. Cecília se encontrava presa pelos tornozelos. Chorava e implorava a Deus o seu perdão. Parecia envelhecida, mas continuava ainda muito bonita. Irwing aproximou-se dela. Também chorava. Cecília percebeu sua presença, mas não o identificou.

– Quem está aqui? Diga, por favor...

Então Irwing e Hélio apareceram à sua frente. Cecília deu um grito. A princípio pensou que Irwing também desencarnara, mas viu o cordão de prata que o prendia ao corpo adormecido. Compreendeu que estava ali em corpo perispirítico.

– Irwing? Que faz aqui? Veio tripudiar sobre minha dor? Está satisfeito pelo que fez "papai"?

Cecília despejou toda a sua revolta sobre Irwing. Depois pediu desculpas a Hélio. Irwing ouviu tudo sem se defender. Sabia que não havia desculpas para ele. Suas lágrimas, no entanto, comoveram Cecília. Ela ainda o amava. *"Meu Pai do céu... por que o senhor não arranca esse amor do meu coração?"*

— Cecília, nós viemos buscar você. Vamos libertá-la destas correntes. Você tem autorização para vir conosco. Vamos levá-la daqui, sem demora, antes que Stanislaw retorne.

Para espanto de todos, Cecília se negou a acompanhá-los. Irwing e Hélio não sabiam o que fazer diante de tal teimosia. Como preferia ela ficar num lugar como aquele? Acorrentada? Como podia recusar um oferecimento tão generoso?

A revolta de Cecília foi passageira como chuva de verão. Afagou a cabeça de Irwing e lhe disse:

— Não posso ir. Não, agora. Preciso fazer alguma coisa de útil neste lugar. Aqui há muito sofrimento. Eu sei o que é sofrer... Depois...

— Depois o quê? — perguntou Irwing, que não escondia a estupefação. Era a primeira vez que via alguém se recusar a sair do umbral.

— Não quero abandonar Stanislaw aqui. Ele tem um amor doentio por mim. Já estivemos unidos em outros tempos... Muito tempo... Mas ele jamais me traiu ou abandonou. No meu suplício pós-suicídio, ele me socorreu com desvelos de pai. Pena que o preço que quer cobrar por isso seja muito alto.

– Ele não é tão bonzinho assim, gemeu Irwing. Afinal, levou você para o charco.

– Você está enganado. Ele me libertou do vale dos suicidas. Você, Irwing, sim, me levou à infelicidade, mas não posso culpá-lo. Também tive minha culpa e isso tem-me doído muito. Agora, acho melhor vocês irem embora. Não se preocupem. Logo sairei daqui com Stanislaw. É o mínimo que posso fazer por ele. Vou convencê-lo a mudar de lado. Será um trabalhador da luz, futuramente.

Por mais que os dois argumentassem, Cecília não mudou sua decisão. Ficaria ali com Yarko até dobrá-lo. O amor fraterno tem forças ainda desconhecidas por nós, pobres Espíritos primários.

Na volta, pararam na morada daqueles infelizes a quem tinham prometido ajuda. Eles, ainda amedrontados, saíram do buraco que lhes servia de esconderijo.

– Meus irmãos, chegou a hora da libertação. Preparem-se. Daqui a pouco iremos todos deste lugar. Enquanto o veículo não chega, vamos fazer uma prece.

Todos se ajoelharam. A Lua despontou. Sonolenta. Desbotada. Um pouco de claridade chegou até eles.

Hélio ajoelhou-se:

Deus, Pai grandioso:

Perdidos em nossos erros milenares, não conseguimos ver Sua augusta sabedoria. Não conseguimos enxergar o Seu amor, as Suas mãos sempre estendidas a nos buscar. Até que chega um momento, Pai, que a dor, como companheira não desejada, mas imprescindível ao nosso avanço espiritual, nos surpreende. Então, nos lembramos de que temos um Pai de amor e misericórdia a velar por nós.

Aqui, Senhor, neste lugar de "ranger de dentes", como disse Seu filho dileto e nosso mestre inigualável Jesus, imploramos Sua misericórdia e, como sabemos que essa misericórdia já está a caminho, agradecemos do fundo de nossos corações.

Obrigado, Pai. Obrigado, Jesus, pela alegria desta hora. Alegria essa bem sei ainda não merecida, mas que mostra Seu amor imenso. "Pai nosso que está no céu..."

Irwing, embora entristecido pela recusa de Cecília em acompanhá-los, orou fervorosamente.

Dali a instante, um estranho veículo pousou no mato ralo. Todos foram resgatados.

— Irwing, meu amigo. Não fique triste. A decisão de Cecília foi muito corajosa. Quer se redimir um pouco antes de encarar aqueles que confiaram nela. Talvez ela possa mesmo transformar o Senhor das Trevas num trabalhador da luz, pois o amor é transformador de caracteres. Aguardemos. Volte, agora, ao seu lar. Já está amanhecendo.

Irwing, dali a instante, acordava no corpo físico. Desta vez, lembrou-se de tudo com riquezas de detalhes. Mas estava decepcionado: *"Ela não quis me dar o prazer de salvá-la. É justo, eu fui o causador de sua desdita mais uma vez. Creio que ainda vai demorar muito para o reequilíbrio com a lei por mim ultrajada. Que Deus tenha piedade de nós..."*

Capítulo Vinte e Quatro
Decisão Equivocada

Nem sempre as boas intenções refletem sabedoria.
O engano tem patas de veludo.

HERCÍLIA E SEUS "AMIGOS" DESENCARNADOS faziam outro ritual. Nada havia progredido em relação a Irwing. Por mais que tentasse envolvê-lo, como uma aranha que quer prender a vítima em suas teias, à última hora ele sempre se lhe escapava.

Mércia obtivera permissão para visitar a família. A amiga Alcíone, que lhe era como um anjo da guarda, acompanhou-a. Fazia já dois dias que Mércia estava na casa, matando a saudade dos entes queridos. Já tomara ciência das intenções de Hercília e pusera Alcíone a par da situação.

— Minha amiga, não é ciúme que sinto. Há muito compreendi que Irwing tem direito de arrumar uma companheira, mas essa moça, a Hercília, não o ama de fato e nem a meus filhos. É uma birra, uma fixação que ela tem na cabeça para se vingar do ex-companheiro, ainda amado por ela.

— Acalme-se, amiga. Vamos ver a melhor forma de afastá-la do caminho dele.

— Hoje ela deverá vir aqui. Logo de manhã, já fez um ritual que batizou de: "ritual da posse". Conta com as forças trevosas e eu estou, realmente, preocupada.

Alcíone pensou por alguns instantes. Depois, convidou Mércia para uma oração em que buscaria inspiração.

— Teve alguma inspiração, Alcíone?

— Mais do que isso. Falei telepaticamente com um benfeitor lá da nossa colônia.

— E então? O que ele lhe disse?

— Recomendou muita cautela. Disse que nada acontece se não tiver de acontecer. Na verdade, pediu que orássemos muito e não interviéssemos em nada. Estamos aqui como visitas.

— Mas orar... estamos sempre orando e, enquanto isso, minha família está correndo perigo! Não posso simplesmente cruzar os braços! Quero ajudá-los, e isso é caridade. Depois que tudo estiver nos eixos por aqui, vou tirar Cecília das trevas. Pobrezinha...

— Minha amiga, será que temos, por nós mesmas, condições de ajudar? Será que temos sabedoria para agir de forma eficiente naquilo a que nos propomos? Muitas vezes, na ânsia de acertar, erramos. Quanto a Cecília, ela tem seu próprio programa e, como sabemos, foi opção dela mesma ficar lá por algum tempo. Quer ajudar os sofredores daquele lugar infeliz.

— Só o que sei é que não vou ficar passiva vendo Irwing estragar sua vida e a de meus filhos.

De repente, Mércia teve uma ideia:

— Como não há mais tempo, pois ela virá hoje à noite para seduzir o tolo do Irwing, vou agir depressa.

— O que vai fazer? Lembre-se de que foi permitida a sua vinda aqui, apenas para matar suas saudades, e não para se imiscuir na vida deles. Não temos esse direito, Mércia, e já fomos avisadas. Lembra-se da outra vez? O que você pôde fazer?

— Você chama de intromissão a caridade que quero fazer? E como pode dizer que não tenho esse direito? Acaso a morte separa aqueles que se amam?

— Não. Não separa, mas nos exclui de tomar decisões que não nos competem. Bem... Já falei o que tinha de falar. A responsabilidade é toda sua. Depois não se queixe. *"Creio que não foi uma boa ideia nossa vinda para cá. Mércia, que estava indo tão bem, é capaz de enfiar os pés pelas mãos."*

— Deixe comigo. Vou procurar o ex-companheiro de Hercília. Parece que eles se amam, afinal de contas. Hercília está apenas usando Irwing para lhe fazer ciúmes.

— O que pretende fazer?

— Vou procurar por ele e colocá-lo a par dos fatos. Vou despertar nele o ciúme e a saudade da ex-companheira. Também a desconfiança. Ele voltará para ela e ela esquecerá Irwing. E ninguém precisará me agradecer por isso.

— Mas... Isso não é correto! Afinal, você estará sendo maledicente!

— É verdade e não é.

— Como assim? Ou é verdade ou não o é.

— Seria maledicência se meu desejo não fosse para o bem. Nesse caso, não tenho alternativa. Já percebi que Irwing, bem como as crianças, estão enredados nos "encantos" dela... Muitas vezes, somos obrigados a recorrer a situações que, à primeira vista, parecem descaridosas, mas a finalidade a que se destinam é nobre. Neste caso, não vejo outro recurso. Somente um choque despertará Irwing e o salvará da sedução de Hercília.

– Não sei não... Você vê o que deseja ver. Será que não há outro meio mais cristão?

Mércia, bem no íntimo de sua alma, sentia ciúmes. Não admitia, mas sentia. Por outro lado, estava convicta de que o que faria visava a um grande benefício. Assim, os conselhos sobre a prudência foram esquecidos.

– Minha boa amiga. Vamos procurar o "ex" dela? Sei onde encontrá-lo.

– Desculpe-me. Prefiro não participar disso. Algo me adverte de que não é esse o caminho certo.

Mércia, longe de atentar para a premonição da amiga, deu de ombros. Não via, no que ia fazer, nada além de sua obrigação de mãe zelosa e ex-esposa prestativa. Mais tarde, veria que a amiga Alcíone estava certa, mas não vamos antecipar os fatos.

Alcíone olhou-a desaparecer por entre as ruas movimentadas da grande cidade. Suspirou. Não sabia se devia comunicar à administração da colônia a intromissão da amiga. Se o fizesse, é quase certo que ordenariam a volta. E ela sabia que Mércia se oporia, ficando ali, talvez por muito tempo e prejudicando sua ascensão. Era pena que ela não tivesse compreendido, pois estava caminhando muito bem rumo às conquistas espirituais. *"Bem, todos temos nossos testes. Com o erro também se aprende, mas tomara que as consequências disso não sejam desastrosas."*

Mércia volitava a poucos metros do chão. Ia determinada. Nada a faria mudar de ideia. Um dia, a família a agradeceria por aquilo, pensava. De repente, uma opressão lhe invadiu o ser, como uma última advertência sobre o que estava prestes a fazer. "Se estou tão bem intencionada, se nada quero além de justiça, por que me sinto angustiada?" E não deu a devida atenção à advertência.

Não se passou meio minuto e estava dentro do "flat" de Jônatas, o "ex" de Hercília. O homem estava folheando uma revista. Na mesa, uma lata de cerveja. Os pensamentos estavam no artigo que lia: o depoimento de um jovem que havia assassinado a amante e dizia não estar arrependido.

Mércia sondou a bagunça ao redor. Na pia, várias latas vazias diziam que Jônatas era um bebedor. Também as companhias espirituais eram lamentáveis.

Pareciam embriagadas, como o homem. Somente uma entidade percebeu a presença de Mércia e quis expulsá-la dali.

– Você está aqui como amigo deste homem? – perguntou-lhe Mércia, apontando Jônatas.

O Espírito a encarou, zombeteiro:

– Amigo? Alguém pode ser amigo deste traste? – e riu.

– Bem... Então, não se oporá em que eu lhe insufle algumas ideias.

O Espírito olhou-a, desconfiado:

– Que tipo de ideias? Aqui não admitimos intromissão, então, acho melhor ir "dando no pé". Você, por acaso, é mensageira da luz? Trabalha para o cordeiro?

Mércia percebeu a delicadeza da situação. Se dissesse que sim, seria expulsa dali. Se dissesse que não, estaria mentindo, pois amava a luz, amava o divino Jesus. Estava ali para ajudar. Compreendeu, então, que falaria uma mentira. Degradava-se a cada passo.

– Não sou mensageira da luz... Tampouco trabalho para o cordeiro. Você poderá até me ajudar.

– Como? – interessou-se o Espírito.

Mércia contou tudo o que estava acontecendo. Por fim, disse que não compactuava com o mal, e que somente queria afastar a mulher que infelicitaria sua família. Depois que a afastasse, promovendo também a felicidade dela, uma vez que ela ainda amava Jônatas, retornaria à colônia onde residia. Falou seu plano e o Espírito gargalhou.

— Pode contar comigo. Vamos lá. Isso aqui já está monótono demais da conta.

Ambos se aproximaram de Jônatas. Mércia lhe falou, mas ele não captou muito bem. Então, o Espírito colou-se a ele e foi transmitindo tudo o que Mércia lhe dizia. Porque plenamente sintonizados, ele ouviu tudo o que Mércia queria que ouvisse. Pronto. Agora era esperar e colher os frutos. Só que ela não esperava que os frutos fossem tão amargos e indigestos.

Jônatas atirou a revista para um canto. De repente, mudou de humor. Lembrou-se de Hercília e uma vontade incrível de vê-la o envolveu. *"Onde andará aquela doida? Preciso vê-la... não posso viver sem ela. Hoje mesmo vou procurá-la e trazê-la de volta, ainda que seja pelos cabelos. Essa comédia já está demorando muito para o meu gosto."*

Mércia ficou preocupada pela agressividade que viu em Jônatas. Somente então, pensou que talvez não tivesse sido uma boa ideia incutir-lhe tanto sentimento negativo. Ele já era muito ruim por natureza.

Capítulo Vinte e Cinco

A situação se complica

> *Não há mistério: nossas afinidades nos remetem aos céus ou aos infernos. A justiça é inexorável.*

O SOL DAQUELE DOMINGO BATIA NA JANELA DO quarto DE Irwing. Ele se revirou na cama. Lembrava-se esmaecidamente do que acontecera durante a noite, na sua tentativa frustrada de tirar Cecília das trevas onde ela se encontrava. *"Meu Deus! Ajude aquela pobre menina a sair daquele lugar horrível. Ela não quis a minha ajuda. Preferiu ficar por lá."*

Na rua, já o movimento era intenso. Mas ele não tinha vontade alguma de se levantar. Sentia o peito opresso, como se alguma coisa desagradável estivesse por acontecer.

Na cozinha, Maria Inês lavava a louça do jantar enquanto preparava o café da manhã. Estranhava que o pai ainda estivesse na cama àquelas horas. Receosa de que algo lhe acontecera, foi sondá-lo:

— Papai? Já é tarde. Você não vai se levantar?

Estremunhado, Irwing sentou-se na cama.

— Venha cá, minha filha. Sente-se aqui e me dê um abraço.

Maria Inês estranhou o pai. Desde que ficara viúvo, desde que Cecília morrera, ele havia ficado econômico em carinhos.

— Papai, você está bem, mesmo? — e tocou o seu rosto para verificar se ele não estava com febre.

— Estou bem, minha filha. Você tem razão em estranhar. Tenho sido muito seco com você e com Armandinho, não tenho?

Maria Inês acenou com a cabeça. Já havia perdido a intimidade com o pai.

— Desculpe esse seu pai, tolo, minha filha. Hoje vamos sair desta toca. Arrume-se, chame seu irmão. Vamos passear. Depois, almoçaremos num bom restaurante. Que tal?

– Viva! Mas quero que a Hercília venha conosco. Sem ela, não tem graça.

Irwing franziu a testa. Não gostaria de levar a moça. Ultimamente a vinha evitando. Algo o advertia de que ela significava problema.

Maria Inês não lhe deu tempo para argumentar. Pegou o telefone e ligou para Hercília. Conversaram. Riram. Depois, passou o fone ao pai e saiu do quarto.

Na rua, um homem, Jônatas, olhava insistentemente para a casa de Hercília. Estava nervoso. Não sabia se devia tocar a campainha ou esperar que ela saísse, pois conhecia seus hábitos e sabia que naquela hora ela sairia em roupa esportiva para uma caminhada no parque. Não precisou esperar muito, mas a moça não estava em trajes esportivos e sim, com um vestido de seda que lhe realçava o corpo bem feito. De saltos altíssimos, maquiada e de bolsa. Parecia que estava indo a uma festa.

Hercília estava mais linda do que nunca. O ciúme azedou a manhã de Jônatas. *"Onde será que ela vai? Será que a despudorada já pôs outro no meu lugar?"*

Hercília seguia risonha. Tudo estava saindo como ela planejara, mas, gostava realmente de Irwing? Já se esquecera de Jônatas? E percebeu que não sabia as respostas. Desde que vira Irwing, se apaixonara por ele. Sua mente fantasiosa tecia sonhos sensuais, mas na verdade, seria mesmo amor? As paixões são enganosas. E Jônatas? Por que ela não conseguia esquecê-lo? Não estaria usando Irwing para, no futuro, lhe fazer ciúmes? E, inconsequente que era por natureza, resolveu deixar "as coisas" andarem e se resolverem por si mesmas.

Jônatas resolveu segui-la. Descobriria para onde ela estava indo e conheceria o novo amor da antiga companheira, pois ninguém se aprimoraria tanto no visual se não estivesse a fim de impressionar alguém.

Seguiu-a com o coração aos pulos, as palavras de Mércia dançando em suas lembranças. Vivia seu dia de inferno.

Hercília morava perto de Irwing e depois de alguns poucos minutos ela chegou. Nem se deu ao trabalho de tocar a campainha, abriu o portão e entrou. Jônatas abaixou-se e renteou o muro até chegar bem perto da sala. Ainda pôde ouvir a voz de Maria Inês, que se alegrava com aquela presença. Depois, ouviu a voz de Irwing.

"Então é isto: a desgraçada, depressa, arranjou outro! Mas não perde por esperar. Safada!"

Como um cão raivoso, esquecera-se completamente de que ele e Hercília haviam brigado e estavam separados. Mas a vida dos dois era assim mesmo: brigavam, ficavam longe um do outro um tempo e depois voltavam. Tantas vezes já ocorrera isso, que ficou implícito entre ambos que nada era definitivo. Mas então, não havia o Irwing no caminho deles.

Jônatas ficou por ali, de olho na casa. Tinha o pressentimento de que eles sairiam a qualquer momento. Com esperança, pensou que talvez não fosse nenhum envolvimento amoroso, afinal, ouvira vozes de criança. Poderia ser apenas algum conhecido de Hercília e, nesse caso, estava se torturando à toa.

Resolveu ir embora, mas ficar esperto. Perguntaria à própria Hercília. E depois recomeçariam o namoro.

Mas mudou de ideia quando os viu saindo. Escondeu-se rapidamente. Na frente, rindo, seguia Maria Inês e Armandinho. Atrás, vinha Hercília, dependurada em Irwing. No portão, pararam um pouco e esperaram as crianças se afastarem. Jônatas estava tão perto, que ouviu facilmente o que conversaram:

– Meu amor, mas que surpresa boa você me fez, hoje! – e antes que ele respondesse qualquer coisa, beijou-o, apaixonadamente.

Jônatas sentiu um amargor na boca. Se ainda não sabia, agora tinha certeza: ele amava aquela mulher. E ela estava ali, quase a rentear com ele, com olhos para mais ninguém a não ser para Irwing. O ódio tomou conta dele. Seus pensamentos tinham a forma de raios, de relâmpagos e eram escuros como a noite sem lume.

Os semelhantes se atraem. Quer no mundo dos encarnados, quer no dos desencarnados. Emitimos nossos pensamentos, nossas ondas mentais que, se forem forças do mal, se juntam a outras de semelhante teor e vão engrossando as forças das trevas. E, cada vez mais, atraímos outras mentes que vibram como nós. Portamo-nos como um imã. Dependerá de nós escolher qual o tipo de onda mental que queremos atrair. Já fomos advertidos de que ao pensarmos no mal já o mal está feito.

Então, deu-se um fato curioso, embora bem comum: Perto dali, um grupo de Espíritos ignorantes achegou-se a Jônatas por afinidade espiritual. Faziam a maior algazarra e, como se lhe fora íntimo, o líder deu-lhe tapas nas costas. Depois, o convidou (através da sugestão) a beber com eles.

Jônatas sentiu a aproximação daquela escória. Mas não a rejeitou como devia. Sentiu vontade de beber, embriagar-se, para esquecer a mulher ingrata, mas na ultima hora desistiu daquela ideia. Queria surpreender Hercília e tentar uma reconciliação, e se estivesse bêbado, com certeza ela o repeliria. O motivo das suas constantes separações era justamente por causa da bebida. Jônatas era um alcoolista, apenas sabia quando devia parar e nunca caía de bêbado.

O casal e as crianças já estavam a uma boa distância. Jônatas seguia atrás. O líder do bando tentava, ainda, convencê-lo da necessidade de beber, mas ele estava determinado, o que enfureceu o Espírito.

Mércia seguia com a antiga família. A consciência a advertia de que não agira bem.

Em determinado momento, viu Jônatas e os trevosos. Imediatamente compreendeu. Quis chamar por Alcíone, mas esta havia retornado ao abrigo espiritual, uma vez que ela se negara a segui-la sem antes ter resolvido aquele problema. Como, agora, devia fazer para remediar aquela situação? Mexera no vespeiro. As abelhas se assanharam.

"Acho que fiz mal. Mas não! Agi de boa fé... quis ajudar Irwing, Jônatas e os meus filhos."

A consciência culpada esperneava.

Agora, o Espírito que tentava influenciar Jônatas estava realmente irritado. Aproximou-se dele e lhe gritou uma ordem no ouvido. Jônatas lhe respondeu com um pensamento agressivo. O Espírito encheu-se de energia e lhe deu um formidável soco no estômago que foi sentido como um tipo de cólica.

Capítulo Vinte e Seis

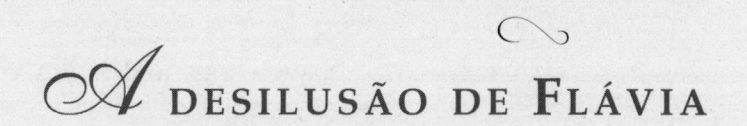

A desilusão de Flávia

O passado mal vivido...
Dificilmente é esquecido.

FLÁVIA ESTAVA VOLTANDO DO CEMITÉRIO. Fora levar flores ao túmulo de Geórgia, pois sentia falta da amiga e se culpava pelas brigas que tiveram. Ali, parada, lamentando a separação que a morte impõe, pensava em como são tênues os laços que nos prendem à vida. E quanto deixamos de fazer pelo bem da alma enquanto estamos aqui... E quando a morte chega...

Mandara colocar um vaso no túmulo da amiga e

depositou ali as flores. Um vento forte começou a soprar, agitando-as. E no gemido do vento, Flávia ouviu o gemido da amiga. Quanto ela sofrera naqueles últimos meses! Como a AIDS soube ser impiedosa. E como somos tolos ao pensar que ela pode atacar os outros, mas a nós não. E por mais que as autoridades orientem sobre a necessidade de métodos preventivos, por mais que as estatísticas divulguem o avanço da doença, nos fazemos de surdos e cavamos nossa própria sepultura. Há quem pense conhecer o parceiro e dispense os cuidados nas relações íntimas. Esquecem-se de que ninguém está livre da doença, que por muito bom seja o caráter de uma pessoa, ela pode ser uma portadora até mesmo sem o saber.

Flávia pensava em tudo isso, e agora, que já abandonara de vez a prostituição, estava com medo de fazer o exame e constatar que contraíra o maldito HIV. Assim, ia protelando.

O tempo ameaçava chuva. Ela orou pela amiga, desejando que ela estivesse em um lugar bom e se retirou.

Resolveu desviar um pouco o caminho e passar na casa de Irwing. Fazia tempo que não o via, e ainda não havia perdido a esperança de conquistar seu coração. Odiava a rival Hercília. *"Gostaria que ela morresse... que deixasse Irwing em paz."* Mas Hercília tinha boa saúde e tudo indicava que teria uma vida longa.

Fazia poucos minutos que Irwing, os filhos, e Hercília haviam regressado do restaurante. As crianças estavam felizes, embora cansadas. Irwing estava mais romântico, cobrindo Hercília de atenções.

Ele ficou feliz com a chegada de Flávia, mas Hercília odiou. Trocou um olhar incendiado com ela, percebendo muito bem quais eram as suas intenções. *"Se essa sonsa pensa que vai me roubar o Irwing, está muito enganada."*

Flávia esforçou-se para não mostrar seu desagrado com a presença da rival. Aborreceu-se ainda mais ao perceber o quanto as crianças gostavam dela. Falou em ir embora, mas Irwing a segurou pelo braço.

– De maneira alguma. Você acaba de chegar. Hercília, você pode fazer um cafezinho pra nós?

A moça teve vontade de dizer que não era empregada, mas pensou melhor e disse, enquanto beijava Irwing:

– O que você me pede que eu não faça, querido meu?

Essas palavras entraram como espinhos no coração de Flávia e lá ficaram a se revirar até fazer sangrar a alma. Nada mais teve graça. A sós com Irwing, ela disse, muito timidamente e baixinho:

— Já lhe contei que mudei de vida, não contei?

— Sim. E eu estou feliz com essa decisão. Ainda bem que parou a tempo.

— Meu pai está me dando uma mesada, mas logo estarei trabalhando. Já para o ano que vem vou pegar algumas aulas excedentes. Creio que gostarei de lecionar. Vai dar tudo certo.

Hercília chegou com o café.

— Ora, Hercília... A Flávia não é visita para tomar um simples cafezinho aqui na sala... com tanta formalidade! Vamos todos para a cozinha. Chame as crianças. Na geladeira tem bolo. Vamos.

Hercília quase derrubou o bule. Estava furiosa e desta vez não escondeu a fúria:

— Não vou pra cozinha coisa nenhuma. Vão vocês, se quiserem. Eu estou indo embora, pois não tenho nenhuma intimidade com cozinhas.

Antes de se retirar, virou-se e disse:

— Cuidado. Coloquei veneno no café — riu escandalosamente e saiu batendo a porta.

Irwing ficou sem jeito. Tentou se desculpar, mas não encontrava as palavras adequadas.

– Não sabia que Hercília, sempre tão amável, pudesse ter uma reação dessas! Francamente – disse Irwing.

– Ela é amável porque quer conquistar você. Acho até que já conseguiu...

Flávia disse estas palavras com a voz embargada. Não compreendia por que só há tão pouco tempo o amor por Irwing aflorara em seu coração de forma impetuosa. Fora Geórgia quem fizera seu amor acordar.

– Flávia, o que está acontecendo com você? Vejo-a triste e desanimada. Parece que não está feliz por ter mudado de vida.

– Não é isso. Estou feliz por ter mudado de vida. Jamais retornarei a ela. Não depois que vi o que ela fez com Geórgia. É que...

– ... é que... o quê?

– Você já sabe. Estou apaixonada por você.

Irwing já pressentira. Mas sempre que pensava nela como sua mulher, a lembrança de sua vida passada o desanimava. Era muito machista para se casar com alguém que já fora prostituta. É claro que como amiga era diferente.

— Flávia, eu e Hercília... Talvez venhamos a nos casar, ou talvez apenas moremos juntos. Ela se dá muito bem com as crianças. Eu preciso de alguém. Sou ainda muito novo para permanecer viúvo. Se não fosse por Hercília eu me uniria a você, que é uma pessoa excelente. Lembra-se de como nos divertimos há algum tempo? Mas você mudou muito!

— A vida me fez mudar. Nada mais resta daquela doidivanas do passado. Não precisa se justificar, Irwing. Sei muito bem das suas razões. Bem, chame as crianças, que quero me despedir. Acho que você está louco pra correr atrás da Hercília.

— Por favor, Flávia. Compreenda a minha situação. Não se vá, ainda. Vamos conversar como nos velhos tempos. Na verdade, você pensa que me ama. Acho que é mais um capricho seu.

A própria Flávia foi buscar as crianças e se despediu. Passou por Irwing sem encará-lo e saiu.

Hercília também estava aborrecida. Temia que Flávia estragasse seus planos. Convocaria, naquela noite, seus "súditos leais" e pediria a precipitação dos acontecimentos. No íntimo, sentia que talvez alguma coisa obstasse seus desejos.

Flávia estava deprimida. Tremendamente triste. Arrastava sua alma pelas ruas movimentadas. Tal estado de Espírito atraiu alguns sofredores. Um Espírito em forma de mulher, sentado na calçada, igualmente confusa e triste, foi diretamente para ela. Abraçou-a. Sentiu-se mais aliviada na sua dor e lhe sussurrou:

"Pobrezinha! Você sofre como eu... que infeliz somos... o mundo nos esqueceu. Ninguém se importa conosco... eu estou aqui há horas... ninguém me vê, ninguém fala comigo... ninguém me respeita em minha dor..."

Flávia ouviu e imaginou serem seus tais pensamentos. Acolheu-os como uma mãe acolhe um filho. O peso que sentia, centuplicou. Mais adiante, outros Espíritos, que vibravam naquela mesma faixa depressiva, juntaram-se ao séquito. Os lamentos partiam de todos os lados e Flávia sentiu-se sufocar em sua mágoa. Pensou em Hercília. Era ela a causadora de tanto mal. Então, resolveu fazer-lhe uma visita. Tinha certeza de que, se ela saísse do caminho, Irwing seria dela.

De repente, cruzou com uma velha amiga.

– Flávia! Quanto tempo, minha amiga!

Abraçaram-se.

Odila era médium e logo percebeu as companhias espirituais que envolviam Flávia. Condoeu-se e, mentalmente, convidou-as a segui-la, no dia seguinte, até uma casa espírita.

— Flávia, você não está bem... O que acontece?

Flávia desabafou com a amiga. Falou de sua triste vida; que nada adiantou ter deixado o meretrício, pois que continuava sofrendo ainda mais; que ouvia estranhos risos, deboches, conclamando-a a voltar às ruas.

— São os testes. Você tem de ser forte. Tomou uma decisão acertada. Não volte atrás, senão você estará irremediavelmente perdida. O que a "turminha da fumaça" quer, é ver sua derrocada moral. Não lhes dê esse prazer.

E despediram-se.

Sozinha e mais senhora de si com as palavras da amiga, Flávia decidiu que iria à casa da rival. Tocou a campainha e aguardou. Hercília atendeu-a de mau humor:

— De novo?! Creio que nada temos a falar — e ia fechar a porta, quando Flávia segurou-a e forçou a entrada.

— Temos, sim.

— Qual é? Tá pensando que isto aqui é a casa da mãe Joana?

Discutiram. Chegaram quase à agressão física. Estavam, ainda, trocando *gentilezas,* quando Jônatas irrompeu na sala. Estava visivelmente alcoolizado. Depois daquele soco no estômago, resolveu atender o obsessor.

– Escuta aqui sua... Se pensa que vai ficar de amores com aquele idiota bem debaixo do meu nariz, está enganada! – disse Jônatas, cuspindo saliva.

– Quer saber de uma coisa? Vá para o inferno! Você também, Flávia. Vãããoo!

– Vou, sim. Mas levo você comigo – disse o homem, completamente fora de si.

Hercília viu que ele não estava de brincadeira. Empurrou Flávia para fora e fechou a porta com violência. Virou-se para Jônatas e o desafiou:

– Se quer saber, vou, sim, me casar com o Irwing. Já acertamos tudo. Descobri que ele é o grande amor de minha vida.

Capítulo Vinte e Sete

Cecília minimiza a dor alheia

*Onde quer que estejamos, podemos enxugar lágrimas.
O trabalhador do Cristo Jesus não escolhe lugar para servir.*

CECÍLIA TENTAVA CONVENCER YARKO, O SENHOR das Trevas, a abandonar o mal, mas o mal estava tão enraizado nele, que as palavras dela não encontravam receptividade em seu coração. Todavia, ele já não importunava tanto os infelizes de sua "zona de ação", como chamava uma extensa região umbralina. Enternecia-se diante de Cecília e lhe rogava:

— Amada minha... Você não pode retomar a aparência que tinha quando era Berenice? Faça isso por mim.

Ela não se lembrava mais de sua aparência como Berenice, vivida havia tanto tempo. Ainda não estava de posse de sua memória integral. Conseguia lembrar-se um pouco de Nayla, mas de Berenice...

Soube convencer Yarko de que não fugiria dali, que fora opção dela ficar, uma vez que poderia ter fugido dali com Irwing e Hélio. O Senhor das Trevas convenceu-se. Soltou-a, mas quando ela disse que pretendia ajudar os sofredores do lugar, ele ficou possesso. Chamou-a de traidora, acusou-a de insanidade mental e a amarrou novamente.

Cecília não desesperançou. Uma noite, orou com mais energia. Pediu auxílio à espiritualidade maior, implorou. Percebeu, então, que caía sobre si uma chuva de minúsculos grãos de luz. Era uma ex-suicida, sim, mas nem por isso sua prece tivera menos valia.

Ela ficou em êxtase, admirando aquela chuva fluídica que caía... caía...

As lágrimas desceram, sentidas, e o Senhor das Trevas, apesar de não poder ver devido a sua grosseria espiritual, sentia que alguma coisa invadia sua caverna. Permaneceu como que paralisado por alguma força, que seus guardiões não puderam impedir de se manifestar. E, pela primeira vez, pensou que talvez estivesse errado nas suas atitudes.

A tênue claridade desapareceu, de repente. Cecília chorava e agradecia àquela bênção:

Pai amado.

"Embora seja eu a última das Vossas criaturas, fui socorrida pelo Vosso amor. Agradeço-Vos, ó Pai de misericórdia. Permiti que eu possa ser aqui, para estes infelizes, a representante da Vossa luz. Concedei-me, Pai, a graça de poder ajudá-los a sair desta treva em que se debatem, porque não conseguem emergir por si mesmos e reconhecer a ajuda que o Senhor sempre lhes manda. Obrigada, Senhor. Pai nosso..."

Yarko estava diferente. Não propriamente convencido de que a luz lhe visitara a caverna, mas convencido da necessidade de mudar, se quisesse o amor, ou, pelo menos, o carinho fraterno de Cecília, a amada Berenice de tempos já perdidos no passado distante.

Aproximou-se de Cecília e a libertou:

— De hoje em diante, você poderá sair a qualquer hora. Só não se esqueça de voltar. E não saia dos meus domínios, que aqui sou respeitado.

— Respeitado não é a palavra certa, Yarko. A palavra certa é: temido. Mas estou feliz e agradecida pela sua compreensão. Vejo que a luz beneficiou você também. Isso prova que Deus está sempre nos oferecendo oportunidade de sermos felizes e não a aceitamos. Teimamos em cultivar nossos erros, como animálias rebeldes que não conseguem enxergar nada além do próprio nariz.

– Devagar, Berenice. Não force tanto a sua sorte. Eu não mudei em nada. Nada! Só estou fazendo uma concessão. Não vá trair minha confiança.

– Stanislaw...

– Diga.

Cecília falou carinhosamente com ele, impregnando de amor cada sílaba emitida, de forma que não só o eco chegou aos seus ouvidos, mas também a projeção das ondas de amor fraterno. E foi esse amor, essa vibração benéfica que realizou o milagre.

O Espírito das trevas chegou até ela e lhe tomou as pequeninas mãos entre as suas. Foi como se o lodo do pântano tocasse o orvalho da manhã. Mas Cecília não retirou suas mãos. Sorriu para ele. E caiu por terra a barreira que ele mesmo levantara entre ambos.

– Diga. Sei que você tem algo mais a me dizer.

— Ia lhe dizer que você poderia vir comigo ajudar aqueles padecentes...

Antes que ela terminasse de falar, ele soltou suas mãos e riu. Riu, mas não era um riso sarcástico. Era um riso nervoso. Dolorido. Disfarçado. Que mostrava dor... A dor, a abençoada dor, que é o começo de nossa redenção. A dor, visita indesejada, mas que nos sacode; desperta; conscientiza. Era a primeira vez, desde muitas existências, que Yarko sentia que, afinal de contas, tinha um coração.

Por mais tempo passemos no erro e nos equívocos do caminho, chega uma hora em que a evolução nos empurra. O mal também cansa. Esgota-se como se esgota a água de um poço. Então, a conscientização chega de mansinho e nos envolve. Não é apressada nem precipitada, não conhece desânimo ou mau humor. Espera. Hoje, as portas estão fechadas. Amanhã, poderão estar abertas.

As portas do Senhor das Trevas estavam-se abrindo, impulsionadas pelo amor que sentia pelo Espírito Cecília, a esposa bem-amada de tempos idos. Porém, os frutos demorariam um pouco a chegar.

— Cecília, não abuse da sorte. Você sabe que não poderei acompanhá-la em sua tola caridade. Dê-se por feliz por eu não embargar seu caminho. Devo estar amolecendo. Não sei se acertei em tirá-la do charco.

Cecília pegou novamente aquelas mãos grosseiras. Levou-as aos lábios. Então, viu que os olhos de Stanislaw estavam úmidos. Sua salvação se daria aos poucos. Suas portas se abririam milímetro a milímetro.

Na manhã seguinte, bem cedo, ela saiu. Fazia suas orações quando Stanislaw apareceu, acompanhado de uma criatura tão animalizada quanto ele mesmo:

— Não posso ir com você. Tenha paciência... Dar uma de mensageiro da luz é demais para mim, todavia, não convém que você saia por aí sem nenhuma proteção. Leve o Cacique junto para qualquer eventualidade, mas esteja certa de uma coisa: Se algum daqueles réprobos botar as mãos imundas em você, eles conhecerão a minha fúria.

— Fico-lhe muito grata. A companhia de Cacique me será providencial. Ficarei mais tranquila.

Stanislaw se afastou. Cacique estava carrancudo. Não gostara do serviço que lhe fora designado, mas não se atreveu a desobedecer.

— Vamos, Cacique. Até breve, Stanislaw.

O primeiro lugar que visitaram foi uma espécie de furna. Estranhos lamentos surgiam de todos os lados.

Às vezes, gargalhadas sinistras, seguidas de lamentações: "Onde está Deus? Cadê o paraíso que o padre me prometeu depois da morte? Miseráveis! E minha fortuna? Meus parentes não a mereciam! Deus! Socorre-me! Preciso voltar para casa. Este lugar é o inferno? Onde está o demônio-chefe? Preciso falar com ele... negociar... vender a minha alma a fim de poder voltar para casa e me vingar daqueles abutres safados que estão dilapidando meu dinheiro..."

Cecília entrou. Cacique no seu calcanhar. Sabia que, se algo acontecesse a ela, seu senhor descarregaria sua revolta primeiro nele.

Cecília mandou que ele a esperasse na entrada da furna. Sua presença afastaria os necessitados que, ao vê-lo, se esconderiam.

– Nem pensar – ele respondeu a essa sugestão. – Não quero que esses idiotas que aí estão lhe façam nenhum mal, porque serei eu a sofrer.

Foi em vão todo argumento de Cecília. Assim, seguiram. À medida que desciam, mais o ar se tornava irrespirável, mais a escuridão se acentuava. Agora, seguiam por longo corredor fracamente iluminado por tochas, como as usadas nos castelos medievais. Das paredes, escorria um limo esverdeado, com cheiro desagradável. Cecília começou a sentir-se mal. Faltava-lhe oxigênio, os membros lhe doíam e a cabeça principiou a girar. As sequelas do suicídio ainda limitavam suas ações.

Cacique amparou-a nos braços, peludos como os de um macaco. Seu cheiro era ainda pior que o já existente na gruta. Mas Cecília aceitou sua ajuda e se mostrou agradecida. Aquilo lhe poupava muita energia.

Até ali, não vira ninguém. Até os gritos haviam cessado. Cecília percebeu que os que ali habitavam estavam amedrontados com a presença de Cacique e haviam-se escondido. Conheciam-no. Sabiam que ele era o "braço direito" do Senhor das Trevas. Então, ela teve a ideia de orar. Sabia-se muito fragilizada para agir sozinha num lugar como aquele. Ajoelhou-se e orou com muita fé, pedindo ajuda a Jesus e aos bons Espíritos. Cacique, apesar de cético em relação à oração, nada disse.

Cecília sentiu-se mais fortalecida. Nada viu de extraordinário, mas sentiu que uma força, que não era a sua, a convidava ao serviço ao qual se propusera de tão boa vontade.

Cacique – só mais tarde Cecília soube – foi obrigado a sair dali e esperar na entrada da furna. A mesma força que ajudou Cecília, impulsionou-o para fora.

Cecília, agora sem Cacique, desceu um pouco mais. Então, deparou-se com um quadro aterrador:

Um Espírito, de chicote na mão, surrava as costas já lanhadas dos penitentes. Ria enquanto aplicava o que chamava de corretivo. Era um dos "vingadores do espaço", conforme ele próprio se designava.

Cecília tremeu. Como poderia enfrentar tal monstro? Como livrar aqueles condenados? Mas a luz estava com ela. Pensou em Jesus. Aproveitou o fato de não ser vista. Esperaria o momento certo para agir. E o momento surgiu na hora em que o "vingador do espaço" se retirou, satisfeito, para outra dependência, onde iniciou o mesmo ritual de dor.

Cecília, então, aproximou-se daqueles que lhe estavam mais próximos. Um profundo amor por todos eles irradiou-se de seu coração. Então, alguns deles suplicaram: socorro, anjo do senhor! Por piedade, leve-me daqui. Juro que nunca mais cometerei injustiças e maldades com ninguém... Já fui muito castigado... Pai, socorro.

Sentiam a presença dela, porém, não a viam distintamente. Um, que se rebolcava na lama, implorou socorro.

Cecília ia estender as mãos para levantá-lo, quando ouviu nos tímpanos espirituais: *Não, Cecília. Este está apenas fingindo para ser salvo. Não está arrependido de nada. Tem planos de sair daqui e voltar para sua casa a fim de perturbar os que lá ficaram. Tem muito ódio no coração. Deixe-o. O sofrimento dele ainda não foi suficiente para modificá-lo.*

O infeliz continuou de mãos estendidas. Outra, um Espírito feminino, na inconsciência, falou: "Perdoa, pai, essa filha infeliz. Sei que não sofro em vão, mas dê-me força para suportar..."

Cecília, agora, estava confusa. Será que ela estava também fingindo? "Vamos, Cecília, ore. Esta está realmente arrependida. Breve será libertada. Reconforte-a."

E Cecília orou junto a ela e a mais cinco Espíritos sofredores. Chorou com eles. Todos estavam enfraquecidos e mal podiam repetir a prece ouvida, porém, a dor de todos cedera lugar à esperança.

À porta, Cacique esperava. Rugia de indignação. Sentia-se desrespeitado na sua função, mas ficou impressionado ao ver a determinação e o bom ânimo de Cecília. "Ser bom é bom", repetiu ela a si mesma.

Não conseguiu retirar ninguém de lá, mas os deixara mais confiantes. Oportunamente, pediria a Irwing e ao guia espiritual dele que a acompanhasse nessas visitas e, então, poderiam retirar muitos deles das garras dos "justiceiros do espaço", comandados pelo Senhor das Trevas. Antes de se ir, disse mentalmente ao Espírito que a ajudara:

Minha amiga, eu lhe agradeço pela ajuda. Espero contar com ela de outras vezes, pois sozinha, pouco posso fazer."

"Cecília, não precisa me agradecer. Eu é que agradeço ao Pai a oportunidade do serviço redentor. Amanhã, devemos sair novamente. Fui nomeada para acompanhar você nessa sua missão. Convidar Irwing é uma boa ideia. Ele está encarnado e seus fluidos são compatíveis com a missão. Conheço Hélio e sua competência nesses serviços. Fique em paz."

O Senhor das Trevas estava furioso. Parecia haver-se arrependido de sua concessão, e Cacique se negou a acompanhar Cecília no dia seguinte. Seus assistidos melhoravam dia a dia e, conforme o combinado, aqueles que já estavam prontos para sair dali eram levados por Irwing e Hélio. Cecília já havia perdoado o pai adotivo da reencarnação passada. Havia amor fraterno entre ambos.

Houve uma ocasião em que os infelizes retirados das furnas não puderam seguir diretamente para os hospitais espirituais. Então, Cecília levou-os para sua caverna. Ficariam lá até o dia seguinte, quando seriam resgatados.

Todos entraram em pânico quando souberam que ficariam sob o mesmo teto que o Senhor das Trevas. Cecília os sossegou, dizendo que ficaria ao lado deles e que não havia nenhum motivo mais para temerem.

Então, um a um foram-se ajoelhando diante do Senhor das Trevas. Ele gostaria de se mostrar endurecido, mas via Cecília tão radiante pelo serviço realizado, que apenas os olhou e saiu.

Mais um mês se passou. Cecília, Cacique, que também estava aos poucos se modificando, e a Mensageira da Luz, continuaram orando e mitigando a dor daqueles sofredores.

As sequelas do suicídio perpetrado por Cecília já quase não existiam. A caridade a redimia. Sentia-se venturosa. As vibrações de agradecimento daqueles ex-prisioneiros das furnas umbralinas alcançavam-na, tornando-a feliz apesar do lugar onde morava.

Stanislaw ou Yarko, ainda relutava, mas era questão de tempo a sua transformação. É claro que nada se dá assim, de graça, mas ele havia algum tempo vinha sendo "empurrado" pelas preces que recebia dos entes queridos e de Cecília. Já não executava, ele mesmo, os flagelos. Sequer tornara a visitar aqueles sofredores. Outro se fizera líder em seu lugar.

Certo dia, Cecília recebeu a notícia de que partiria dali em breve. A Mensageira da Luz lhe comunicara tal decisão.

"Mas... e Yarko? Sinto que ele está se modificando. Não posso ir justamente agora."

"Se você ficar aqui muito tempo, mais ele se demorará em resolver-se. É preciso, para o bem dele, que você se vá."

"Mas eu prometi a ele que não lhe fugiria. Ele perderá a confiança em mim."

"Não perderá. É suficientemente inteligente para compreender. Você pode falar com ele sobre essa determinação do Alto. De qualquer forma, ele saberá compreender. Em ficando aqui sozinho, a saudade que sentirá de você o fará desejar segui-la. Compreendeu?"

Cecília havia compreendido. Conversou com Stanislaw, que jurou prendê-la novamente, embora soubesse que a luz tem poderes que lhe eram defesos ao conhecimento.

Um dos trunfos da lei evolutiva é que, se pararmos no meio do caminho, veremos nossos entes queridos se distanciarem de nós. Enquanto ficamos retidos, inertes, choramingando ou nos revoltando, aqueles que compreenderam, que foram, portanto, mais inteligentes, puseram suas cruzes sobre as costas e marcharam resolutos. Se deixarmos que a distância abra um precipício entre nós e eles, mais difícil será o reencontro. Sábia é a natureza.

A Lua seguia sua trajetória de luz opaca, quando Cecília partiu. O Senhor das Trevas nada pôde fazer. Jurou que haveria de arrancá-la de seu coração. Acusou-a de ingrata e chorou! Chorou até que, de seu coração, a última gota de fel secasse. Quanto tempo levaria, todavia, para encontrar seu caminho? Somente Deus o sabia.

Capítulo Vinte e Oito

O Tênue Fio da Vida

Seria diferente nossa caminhada se na frente mandássemos o bom senso e a fraternidade ir abrindo as portas.

Hercília já havia transposto a sutil linha divisória entre os encarnados e desencarnados. Vivera de forma equivocada. Unira-se às forças das trevas e, logo ao desencarnar de forma violenta, em plena juventude, seus cúmplices vieram requisitá-la. Não os havia feito de meros empregados durante sua vida? Não os usara para conseguir seus intentos? Então, agora ela lhes pertencia.

Quando nos vinculamos a Espíritos do mal, para

prejudicar nossos semelhantes ou para conseguir vantagens materiais, perdemos nossa liberdade espiritual. Nossa sintonia com tais criaturas são eles difíceis de serem rompidos, e tais criaturas nos cobram assim que deixamos o corpo material.

Nosso "destino", após a desencarnação, é muito fácil de ser vislumbrado. Quer saber sobre seu futuro espiritual? Simples: – Veja o modo como você está vivendo. Mas não se iluda, não veja atenuantes improváveis. Tire a trave de seu olho, olhe-se como você olha seu colega, de forma nua e crua. Veja quais Espíritos você chama para seu convívio, analise bem suas tendências, procure sentir se seu corpo perispirítico está "leve" ou "pesado", pois isso é um fator importantíssimo para se definir para qual lugar você será magneticamente atraído. Felizmente, as leis divinas não se deixam corromper ou iludir, não se deixam levar pelo dom de oratória de um bom advogado, nem se comovem com lágrimas tardias. Ainda mais: nunca podemos nos esquecer de que os valores do lado de lá são muito diferentes dos valores daqui.

Hercília fez sua escolha: sempre procurou a companhia de Espíritos ignorantes e cruéis. Agora, lhes pertencia até o momento em que expurgasse de si toda negatividade acumulada e se voltasse para Deus. Como se deu sua desencarnação? Explicamos já.

Irwing, após a saída dela e de Flávia de sua casa, fora visitá-la. Queria fazer as pazes e sugerir que ela fosse morar com ele. Futuramente, talvez se casassem, mas viu seus planos frustrados. Ao chegar, Hercília estava morta, caída aos pés da cama. No rosto, ainda a expressão de espanto. Irwing ficou em estado de choque. Por muito tempo, não soube o que pensar ou o que devia fazer diante de tão pavorosa realidade. Decididamente, a vida lhe negava qualquer chance de ser feliz. *"É justo. Depois do que fiz com Cecília, não posso mais pretender ser feliz... ter paz... foi monstruoso demais... tenho mesmo de sofrer... pobres dos meus filhos. Vão sofrer... gostavam muito de Hercília."*

Estava nesses pensamentos, quando uma vizinha entrou. Perguntou pela moça. Disse que estava preocupada, porque ouvira discussão na casa.

Irwing, ainda abobalhado, resmungou alguma coisa e apontou para o corpo de Hercília.

A vizinha olhou-a. Deu um grito e recuou, olhando Irwing com suspeitas.

– O senhor... O senhor a matou? Meu Deus! Preciso chamar a polícia. Pobre moça...

– Espere, senhora. Não tire conclusões precipitadas. Não fui eu. Quando cheguei, ela já estava morta. Eu juro por tudo o que há de mais sagrado.

— Bem, o senhor vai ter de se explicar na delegacia. Vou chamar a polícia.

— Calma lá. Hercília era praticamente minha noiva. Eu mesmo chamo a polícia.

E foi ao telefone. A vizinha olhava o corpo de Hercília, suas feições contraídas, seu belo corpo sem vida.

Dali a instante, a polícia chegou. Irwing não os convenceu de que era inocente e foi preso: "O senhor tem o direito de permanecer calado e pode comunicar-se com seu advogado."

Inútil argumentar que tinha filhos. Inúteis suas lágrimas. Escreveu rapidamente um bilhete a Flávia e pediu à vizinha que o entregasse.

Ao pensar em Flávia, sentiu um choque. Teria sido ela a assassina de Hercília? Afinal, ela saíra de sua casa logo após a saída da vítima... E estava bastante nervosa e revoltada. *"Deus... não permita! Conto com ela para tomar conta de meus filhos enquanto não puder provar minha inocência."*

O Espírito Mércia, que havia seguido Irwing, perdera todo o controle sobre si mesma. Não voltara, como vimos, com a amiga e benfeitora para a colônia espiritual. Obstinada, queria ajudar o marido e os filhos, embora não tivesse condições para isso. Agora, dava-se conta do que resultara sua intromissão.

Chegara à casa de Hercília bem antes de Irwing e assistira a tudo. Compreendeu, enlouquecida de dor que, por causa dela e de suas intrigas junto a Jônatas, havia provocado aquele triste desfecho.

Jônatas, no auge do ciúme, a empurrara violentamente. Ela caíra, batendo a nuca na quina de uma escrivaninha. Teve morte instantânea. Jônatas, enlouquecido, evadira-se dali nos seus passos cambaleantes.

Mércia dava-se conta de que fora longe demais. Perdera as rédeas e as consequências ali estavam.

"Pai, amado! Que fiz eu? E agora, Irwing está preso... o que será dos meus pobres filhos? Quem cuidará deles? Pai... Pai, o que fiz?"

No imo da alma, ouviu: "Clamamos sempre pelo Pai quando as coisas não dão certo. Pensássemos Nele antes dos nossos arroubos; antes de nos arvorarmos em distribuidores de justiça, e nada teríamos a suplicar ou a lamentar depois."

Mércia seguiu Irwing até a delegacia. Escusado dizer toda vergonha e dor que aquele pai de família sentiu. Mércia berrava aos ouvidos do delegado: "Ele é inocente! O verdadeiro assassino é Jônatas. Vamos!

Vá lá prendê-lo! Ele está completamente embriagado e confessará o crime. Eu vi. Eu estava lá..."

Mas estavam separados pela diferença vibracional. A testemunha era desencarnada. Por mais que gritasse, não seria ouvida. Então, foi até a casa de Flávia. "A esta altura, já deve ter recebido o bilhete de Irwing. Meus pobres filhos... sem mãe e sem pai... e por minha culpa" – pensou.

Capítulo Vinte e Nove

Inesperado desfecho

*Nossa vida é como um rio desconhecido.
Nunca sabemos onde as cachoeiras nos surpreenderão.*

FLÁVIA, ASSIM QUE RECEBEU O BILHETE DE IRWING, correu para a delegacia. Antes, passou pela casa dele e cuidou das crianças, mas não contou a elas o que acontecera.

— Por que papai ainda não veio? — perguntou Maria Inês.

— Ele já vem. Teve um compromisso, mas logo estará aqui. Acha que pode ficar aqui com Armandinho por mais algumas horas?

— Fico. Já estou acostumada.

Flávia beijou-os e saiu rapidamente. Na rua, telefonou para um advogado, seu conhecido, e solicitou sua presença. Precisavam liberar Irwing. Estava intrigada, pois Irwing explicara bem pouco o que estava acontecendo.

Com a presença do Dr. Rogério, e após as medidas de praxe, Irwing foi solto. Não havia nenhuma prova contra ele. Pelo seu desespero, via-se o sofrimento que lhe ia à alma. Flávia ficou aturdida, mas não pôde deixar de agradecer o feliz acontecimento que fora a morte da rival. Talvez ainda tivesse chance com Irwing.

O carro funerário estava removendo o corpo de Hercília para o IML. Jônatas espreitava de longe. De repente, a dor foi mais forte. Atirou-se à frente do carro e, chorando, abraçou o corpo sem vida da ex-namorada. Gritou palavras desconexas em que a dor e a revolta se negavam a todo bom senso.

Depois, foi à delegacia. Queria incriminar Irwing, pois fora por causa dele que a tragédia aconteceu. Ele haveria de pagar pela ausência da amada.

Não foi difícil ao delegado arrancar-lhe a verdade. Caiu em contradição. O causador daquela morte ali estava.

– O senhor está preso. Até que fiquem prontos os laudos do IML, não poderá sair daqui.

– Pensa que não entendo de leis, senhor delegado? Tenho direito a um advogado e não posso ficar preso. Sou inocente até prova em contrário.

Um guarda se aproximou. Jônatas, enlouquecido de dor e também pelo álcool, agiu rapidamente: Sacou o revólver do policial. Apontou para o próprio coração e disparou. O corpo despencou e ficou estendido no chão. O sangue começou a sair aos borbotões, manchando o já tão manchado piso da delegacia.

Mércia soube de mais essa consequência de sua imprudência. Desequilibrou-se. Atrasou em muito seu avanço espiritual. Muito sofreu até aprender que a nós não compete julgar ninguém; que nossa visão é estreita e unilateral; que juiz... só Deus.

Epílogo

*À nossa montanha de desacertos,
o amor imensurável do Criador.*

FLÁVIA DESISTIRA DE ESPERAR POR IRWING. Não era de ficar chorando, indefinidamente, por alguém que a via apenas como uma amiga.

O que muito contribuiu para isso foi Eduardo, o irmão de Geórgia que viera da Itália. Assim que se conheceram, gostaram um do outro e estavam juntos. Pretendiam se casar e passar a lua-de-mel em Roma. Quanto ao passado doloroso, resolveu ela própria esquecer... E se ela havia esquecido, não havia motivo para contá-lo a Eduardo. Seria o seu segredo. Quem não os tem?

Cecília, na colônia espiritual onde vivia, não esquecia Yarko, o Senhor das Trevas, nem Irwing, os dois Espíritos a quem estivera ligada havia muitas existências. Ainda muito sofria pelas sequelas espirituais decorrentes do suicídio, porém, seu serviço no bem muito a aliviava.

Yarko nunca mais foi o mesmo desde que ela partira. Cada canto de sua gruta o fazia lembrar-se dela. Admirava-se de que aquele amor se fortalecesse sempre mais e mais, ao invés de extinguir-se pela separação. Não podia imaginar que as preces de Cecília, endereçadas a ele, fizessem o papel de solvente, diluindo cada vez mais a grosseria que o envolvia.

Um dia, após ter chorado por aquela ausência, ou talvez já se entediado do mal, sentiu que doce aragem o envolvia. Deixou-se levar pelas reminiscências, numa espécie de transe apassivador.

Não soube quanto tempo assim permaneceu. Deixou que o coração falasse mais alto e decidiu procurar por Irwing, a quem ainda havia pouco infernizara.

Encontrou o desafeto em oração. Olhou-o de outro modo. Não mais se ligou às sombras para derrotá-lo. Na verdade, não sentiu nenhum sentimento desagradável. Lembrou-o, antes, como seu filho Dulcídio, de eras remotas. A revolta que ameaçou insurgir-se foi neutralizada pelas orações em seu favor. Ali estava aquele a quem ele perseguia, a orar por ele, pela sua felicidade.

Irwing se preparava para o repouso. Hélio o esperava para os serviços de socorro junto aos desditosos do pântano e viu quando o Senhor das Trevas chegou. Percebeu, feliz, que ele estava diferente. Sabia que, mais dias menos dias, aquilo se daria, pois a saudade que sentia de Cecília era-lhe insuportável. Não bastasse isso, Irwing tornara-se exímio trabalhador do bem e, na casa espírita que frequentava, sempre pedia preces ao rival e perseguidor.

Irwing foi deixando o corpo, lentamente. Como sempre fazia, viu-o já mais envelhecido e lhe agradeceu pela oportunidade de, por meio dele, estar se redimindo ante a lei divina.

Yarko ainda não percebera a presença de Hélio. Quando se deparou com o olhar de Irwing, encontrou, em seus olhos, compreensão e amizade. Quis falar, mas a emoção travou sua língua. Foi Irwing quem primeiro falou:

— Amigo... Posso chamá-lo de amigo?

Hélio se fez visível aos dois e disse, sorrindo:

– Que bendito seja este dia! – e abraçou o visitante.

O Senhor das Trevas permaneceu calado. Por pouco não fugiu dali. Mas havia dado um passo sem volta. Manteve-se firme, malgrado a emoção.

– Irwing – disse Hélio –, não vai abraçar Stanislaw, seu pai?

– O que está dizendo? Meu pai?! Você está equivocado. Meu pai ainda vive neste mundo.

– Seu pai em uma das inúmeras existências que você já teve. Logo se lembrará de Stanislaw... de Dulcídio... Nicéia... Edorina...

Irwing estava surpreso. Hélio aproximou-se dele, pôs as mãos sobre sua cabeça e lhe ministrou recursos magnéticos. Depois de alguns segundos, ele se lembrou, embora vagamente, daquela existência. Olhou para Stanislaw e sentiu muita vergonha. Aproximou-se dele e o abraçou, chorando e pedindo perdão.

– Meu filho! Também eu lhe peço perdão. Fui um obsessor incansável. Mas quero lhe pedir uma coisa.

– Peça. O que eu puder, farei com gosto, e o que não puder, recorrerei aos amigos.

– Preciso ver Berenice, ou melhor... Cecília.

Ante a estupefação de Irwing, foi Hélio quem respondeu:

– Já prevíamos isso. Cecília tem acompanhado seus progressos e está muito feliz por sua decisão. – e, virando-se para Irwing, lhe disse –: Hoje não iremos ao pântano. Iremos fazer uma visita muito importante.

Stanislaw, pela primeira vez, abriu um enorme sorriso. E saíram os três em visita a Cecília. No jardim de sua colônia espiritual, ela orava e pensava nos seus amores.

Irwing e Hélio a contemplaram de longe sem se aproximarem. Aquele momento pertencia a Yarko, que deixava para trás os últimos resquícios da antiga personalidade. Doravante, batalharia para ser um trabalhador das luzes.

"Glória a Deus nas alturas e paz na Terra aos homens de boa vontade".

Mais um Espírito havia-se transformado ante a força do amor.

IDE | Conhecimento e educação espírita

No ano de 1963, Francisco Cândido Xavier ofereceu a um grupo de voluntários o entusiasmo e a tarefa de fundarem um periódico para divulgação do Espiritismo. Nascia, então, o Instituto de Difusão Espírita - IDE, cujos nome e sigla foram também sugeridos por ele.

Assim, com a ajuda de muitas pessoas e da espiritualidade, o Instituto de Difusão Espírita se tornou uma entidade de utilidade pública, assistencial e sem fins lucrativos, fiel à sua finalidade de divulgar a Doutrina Espírita, por meio de livros, estudos e auxílio (material e espiritual).

Tendo como foco principal as obras básicas de Allan Kardec, a preços populares, a IDE Editora possui cerca de 300 títulos, muitos psicografados por Chico Xavier, divulgando-os em todo o Brasil e em várias partes do mundo.

Além da editora, o Instituto de Difusão Espírita também se desenvolveu em outras frentes de trabalho, tanto voltadas à assistência e promoção social, como o acolhimento de pessoas em situação de rua (albergue), alimentação às famílias em momento de vulnerabilidade social, quanto aos trabalhos de evangelização infantil, mocidade espírita, artes, cursos doutrinários e assistência espiritual.

Ao adquirir um livro da IDE Editora, além de conhecer a Doutrina Espírita e aplicá-la em seu desenvolvimento espiritual, o leitor também estará colaborando com a divulgação do Evangelho do Cristo e com os trabalhos assistenciais do Instituto de Difusão Espírita.

www.idelivraria.com.br

leia estude pratique

Conheça mais sobre a Doutrina Espírita por meio das obras de **Allan Kardec**

ide ideeditora.com.br

Flores Púrpuras da Redenção
Lourdes Carolina Gagete

DIANTE DA NECESSIDADE DE aprendizado e reparação de erros cometidos em anterior existência, duas almas, ainda na colônia espiritual que os acolhera, se preparam, deliberadamente, para uma nova existência.

E na vivência dos compromissos assumidos, encontramos Alejandro, Espírito mais sensível, que compreende com serenidade os enfrentamentos diários. Já Carina, por seu temperamento mais forte, sente dificuldade de compreensão e questiona a Providência Divina.

Flores Púrpuras da Redenção é um romance envolvente e esclarecedor, entremeado de flashes relativos à vida pregressa dos principais envolvidos, demonstrando o poder e a força do verdadeiro amor, fazendo-nos refletir diante de nossas provas existenciais em busca da redenção.

ISBN: 978-85-7341-488-2 | *Romance*
Páginas: 320 | **Formato:** 14 x 21 cm
ideeditora.com.br

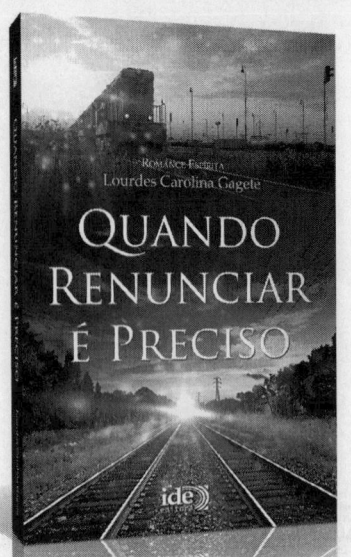

Quando Renunciar é Preciso
Lourdes Carolina Gagete

PRECIOSO ROMANCE QUE, JÁ NO seu início, nos revela como se dá o processo de inspiração da autora que, magistralmente, desfila diversos personagens, comprometidos por erros de passada encarnação.

A viagem da adolescente Thereza, para cuidar de sua tia Janice, viúva e alcoólatra, a expulsão de Luzia, por sua infidelidade para com seu marido Severino, o misterioso porão, habitado por Espíritos infelizes, o auxílio da guerreira, iluminada entidade protetora, e o reencontro destes, e de outras marcantes figuras, são apenas alguns dos pontos mais emocionantes desta envolvente trama.

ISBN: 978-85-7341-567-4 | *Romance*
Páginas: 448 | **Formato:** 14 x 21 cm
ideeditora.com.br

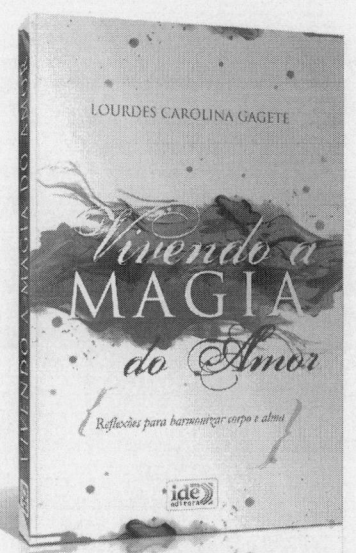

Vivendo a Magia do Amor
Lourdes Carolina Gagete

DE MANEIRA CLARA, AGRADÁVEL, elucidativa e sincera, a conhecida e consagrada autora, nos remete, através desta obra, aos mais variados temas do cotidiano.

Sob a ótica simples, mas precisa, da Doutrina dos Espíritos, oferece-nos orientadoras reflexões e diretrizes para encontrarmos a calma, a paz e a felicidade.

E na simplicidade de suas fórmulas, lenitivas doses medicamentosas nos envolve numa verdadeira magia do amor.

ISBN: 978-85-7341-559-9 | *Romance*
Páginas: 160 | **Formato:** 14 x 21 cm
ideeditora.com.br

Encontro de Paz
Chico Xavier,
por Espíritos Diversos

"ESTE LIVRO É UM ENCONTRO DE PAZ. Saibamos suprimir de sentimentos, ideias, atitudes, palavras e ações, tudo o que relacione com ressentimento, perturbação, ódio, azedume, amargura ou violência e, trabalhando e servindo no bem de todos, procuremos agir e pensar em paz, doando paz aos que nos compartilham a vida."

Emmanuel

ISBN: 978-85-7341-560-5 | *Romance*
Páginas: 160 | **Formato:** 14 x 21 cm
ideeditora.com.br

idelivraria.com.br

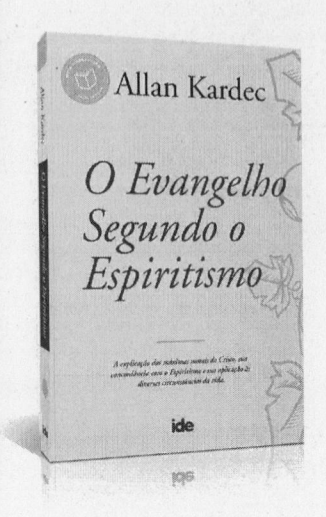

Pratique o "Evangelho no Lar"

Allan Kardec
O Evangelho Segundo o Espiritismo

Aponte a câmera do celular e faça download do roteiro do **Evangelho no lar**

Ide editora é nome fantasia do Instituto de Difusão Espírita, entidade sem fins lucrativos.

⊙ ideeditora   f ide.editora   🐦 ideeditora

◀◀ **DISTRIBUIÇÃO EXCLUSIVA** ▶▶

boanova editora

Av. Porto Ferreira, 1031 | Parque Iracema
CEP 15809-020 | Catanduva-SP
📞 17 3531.4444   💬 17 99257.5523

⊙ boanovaed
▶ boanovaeditora
f boanovaed
🌐 www.boanova.net
✉ boanova@boanova.net

Fale pelo whatsapp   Acesse nossa loja